BENVENUTO RAMBALDI DA IMOLA: DANTISTA

José Porrúa Turanzas, S.A.

EDICIONES

studia humanitatis

DIRECTED BY

BRUNO M. DAMIANI

The Catholic University of America

Benvenuto Rambaldi da Imola:
DANTISTA

LOUIS MARCELLO LA FAVIA

studia humanitatis

PUBLISHER, PRINTER AND DISTRIBUTOR
José Porrúa Turanzas, S. A.
Cea Bermúdez, 10 - Madrid-3
España

Dep. legal: M. 4.585-1977

I. S. B. N. 84-7317-008-3

IMPRESO EN ESPAÑA
PRINTED IN SPAIN

Ediciones José Porrúa Turanzas, S. A.
Cea Bermúdez, 10.-Madrid-3

TALLERES GRÁFICOS PORRÚA, S. A.
JOSÉ, 10.-MADRID-29

Magistris meis
in Universitate Harvardiana
Dante Della Terza
Nicolae Iliescu
grato animo

Guglielmo Gerardi e aiuti, 1487 circa; Biblioteca Vaticana, cod.
Urbinate lat. 365, c. 46r.

(*Reproduced from the collection of the Library of Congress.*)

INDICE

INTRODUZIONE

Il primo e l'ultimo studio critico sul commento di Benvenuto da Imola alla Commedia *è del 1889. L'autore, Luigi Rossi-Casè, si sofferma a lungo nella ricostruzione dell'itinerario biografico del commentatore, ma relega l'esame del commento in appendice, scusandosi, per giunta, del suo «limitato sapere» in proposito* (1).

È certo troppo poco per quello che è —a comune giudizio della critica— il più culturalmente dosato tra i primissimi commenti danteschi —quelli inclusi nell'arco di tempo che va dalla morte del poeta sin quasi ella fine del Quattrocento. D' altronde, per rendersi conto del largo uso che ne fa l'ermeneutica contemporanea, basta aprire uno qualunque dei più recenti commenti alla Divina Commedia.

Eppure uno studio critico che ne riordini e valuti la tradizione manoscritta e ne analizzi le componenti interne, non esiste ancora. Un lavoro di tal genere fu apprestato, nella seconda metà dell'Ottocento, da Luigi Rocca per i primi commenti, prendendo in esame quelli dei quali era uscita l'edizione a stampa (2). *Ma si fermava al commento di Pietro di*

---

(1) Luigi Rossi-Casè, *Di Maestro Benvenuto da Imola Commentatore Dantesco* (Pergola: Stab. Tip. Gasperini Editori, 1889), p. 157.

(2) Luigi Rocca, *Di alcuni commenti della Divina Commedia composti nei primi vent'anni dopo la morte di Dante* (Firenze:

Dante. Il successo critico dell'opera incoraggiò il tentativo di continuazione da parte di F. P. Luiso, che però per varie circostanze non fu mai realizzato (3). *E quantunque il Barbi, già a secolo ventesimo inoltrato, ne richiamasse l'urgenza* (4), *soltanto passata la metà del Novecento Giorgio Padoan continuava il discorso del Rocca allestendo un'analisi di sistemazione del commento incompiuto del Boccaccio* (5). *Cronologicamente perciò, nella storia dei commentari seniori, segue immediatamente quello di Benvenuto da Imola* (6).

L'importanza del commento rambaldiano è del tutto eccezionale a causa del particolare momento storico in cui è nato. L'autore si trovava ad operare proprio all'inizio dell'umanesimo, nel punto di convergenza di contrastanti atteggiamenti intellettuali e di contrapposte società letterarie, ed inoltre tutto ciò veniva curiosamente a coincidere col momento di punta massima del dantismo e del dantofilismo quali essi si sono manifestati nell'ampia parabola dei cinque secoli che corrono dalle origini della critica dantesca fino alla sua reviviscenza nel secolo XIX.

Viene a proposito dunque il presente lavoro, coincidente tra l'altro col sesto centenario della lettura bolognese del Rambaldi, quando nel 1375 la Divina Commedia *entrava*

G. C. Sansoni, 1891). I primi due capitoli erano stati pubblicati nel 1886 con il titolo «Dei commenti alla Divina Commedia nel secolo XIV», cf. *Cornell Univ. Catalogue of Dante Coll.*, (Koch) 1898-1900, vol. 2, p. 402.

(3) Michele Barbi, «Per gli antichi commenti alla Divina Commedia», in *Studi Danteschi*, vol. X (1925), p. 150.

(4) *Ibid.*, pp. 150-151.

(5) Giorgio Padoan, *L'ultima opera di Giovanni Boccaccio: le Esposizioni sopra il Dante* (Padova: Cedam, 1959).

(6) Francesco Mazzoni, «La critica dantesca del secolo XIV», in *Dante nella critica d'oggi*, a cura di Umberto Bosco (Firenze: Le Monnier, 1965), pp. 291-297. In un'altra disposizione cronologica dei primi commentatori, pubblicata dal Di Pretoro qualche anno prima, si rilevano alcune inesattezze, cf. Francesco Di Pretoro, *La Divina Commedia nelle sue vicende attraverso i secoli* (Firenze: Felice Le Monnier), 1963, pp. 10-13.

per la prima volta nel mondo culturale come corso universitario.

Lo studio dei commentatori seniori non è un puro lusso d'erudizione, è un'urgenza che nasce da necessità di precisazioni storiche e filologiche, dal bisogno conoscitivo di atteggiamenti di pensiero e di cultura, elementi tutti che ci vengono di prima mano soltanto da testimonianze di quella generazione più vicina al poeta. L'interesse infatti per i primi commentatori si è fatto sentire tanto più urgente quanto più si è percepito lo stacco di pensiero dal mondo dell'autore. Vi si è ricorso già ad un secolo e mezzo dalla morte di Dante; precisamente quando il Landino, apprestando nel 1481 il suo commento, avvertiva scientemente la necessità dell'aiuto esplicativo di quelli «... e quali e per essere stati o coetanei o vicini all'età del poeta, pare che meglio habbino potuto comprendere la sua mente» (7). Di nuovo, emergendo il dantismo dal lungo affievolimento di interesse verificatosi nel secolo decimosettimo, il Muratori nel pubblicare —a secolo decimottavo inoltrato— le Excerpta Historica *del Commento di Benvenuto sottolineava la necessità del ricorso agli antichi commentatori per avere la possibilità di comprendere passi inintelligibili del poema: «Verum quae ibi metro conclusa sunt, atque ad illius temporis hominis et res gestas pertinent, ita interdum tenebris circumclusa se exhibent nobis, tam sero natis, ut nisi interpretes opem ferant, coecutiamus ad non pauca necesse sit» (8), facendo anche il punto specifico su Benvenuto: «Neque Benvenuto difficile fuit expli-*

---

(7) Comento di Christoforo Landino Fiorentino *sopra la Comedia di Danthe poeta excellentissimo, impresso in Vinegia per* Petro Cremonese dito Veronese: A dì XVIII di novembris MCCCC-LXXXXI, fac. I.

(8) Ludovico Antonio Muratori, *Antiquitates Italicae Medii Aevi* (Mediolani: ex Typographia Societatis Palatinae, 1738), vol. I, col. 1029.

care, quae olim videbantur eoque magis videri abstrusa possunt temporibus nostris in Poemate Dantis» (9).

Tuttavia, a nostro parere, *l'apertura alla moderna problematica sui commentatori seniori si deve agli studi di Gian Giacomo Dionisi, che fu tra i primi —alla fine del Settecento— ad applicare il metodo storico-filologico, allora appena agli albori, al testo dantesco e ad esaminare i valori d'attribuzione della prima tradizione chiosastica* (10). *In seguito le stesse esigenze si fanno presenti negli scritti danteschi del Foscolo* (11); *e divengono magistrali approcci criticamente impegnati nel Witte* (12). *A metà circa del secolo XIX Colomb De Batines apprestava, con la sua* Bibliografia Dantesca, *una miniera preziosa di ricerche archivistico-bibliografiche sui più antichi manoscritti danteschi. Gli effetti di un febbrile fervore per la tradizione più antica, nella seconda metà dell'Ottocento,*

---

(9) *Ibid.*, col. 1029.

(10) Le ricerche dantesche del Dionisi sono raccolte nella serie di *Aneddoti*, pubblicata a Verona tra il 1785 e il 1806. In relazione all'argomento da noi trattato sono di particolare importanza l'*Aneddoto* II, il IV, il V e il VI. Alle ricerche del Dionisi sono da riconnettersi gli interessi per i commentatori seniori degli studiosi veronesi Scipione Maffei, Tiraboschi, Pompei, Torelli; cf. Colomb De Batines, *Bibliografia Dantesca* (Prato: Tipografia Aldina, 1846), parte II, pp. 633-735; M. Zamboni, *La critica dantesca a Verona nella seconda metà del secolo XVIII* (Città di Castello: 1901), pp. 63-69; G. Gasperoni, *Gli studi danteschi a Verona nella seconda metà del Settecento* (Verona: 1921), pp. 7-16; A. Vallone, *La critica dantesca nel Settecento e altri saggi danteschi* (Firenze: 1961), pp. 54-58; A. Vallone, «Minori aspetti della critica dantesca nel Settecento attraverso testi inediti», in *Filologia e Letteratura*, XII (1966), pp. 128-136.

(11) Un primo articolo appariva nella *Edinburgh Review* del febbraio 1818, pp. 453-574, tradotto poi per il *Raccoglitore* di Milano nel 1821, VIII, pp. 41-58 e 76-79. Anche nel *Discorso sul testo della Divina Commedia*, edizione londinese del 1842, pp. 373-380 e 397-407; cf. C. De Batines, *op. cit.*, parte I, p. 580.

(12) Karl Witte, «Ueber die bewdenaltesten Kommentatoren von Dante's Göttlichen Komödie», in *Jahrbucher der Literatur*, No. XLIV, 1828, pp. 1-43; il Witte «aveva già dato una breve lista de' Comentatori di Dante nel no. XXII dell'Hermes, 1824, fac. 139-140» (cf. C. De Batines, *op. cit.*, parte I, p. 580.

possono vedersi evidenziati: in pubblicazioni dei più antichi commenti alla Commedia *(praticamente quasi tutti quelli di cui disponiamo) (13); nell'uso di questi nei nuovi commenti al poema (riscontrabilissimo in quelli del Tommaseo (14), dello Scartazzini (15), del Casini) (16); in studi critici, parziali o generali, sugli antichi commentatori (molto impegnati nel Todeschini (17), nell'Hegel (18), ancora nel Witte (19), ecc.). Intanto si formò e fiorì una scuola d'indagine storico-filologica con il Carducci, il Bartoli, il D'Ancona, il Del Lungo, il Vandelli, il Rajna, ecc. Da questo gruppo uscì la tesi pisana (della scuola del D'Ancona)* Della Fortuna di Dante nel secolo XVI *di Michele Barbi (20); il quale pertanto, con un nuovo approccio ai commentatori dei secoli XV e XVI, perfezionava il metodo storico-positivo dei suoi maestri impegnando lo scavo d'indagine su una panoramica storica estesa su rispondenze di società, su ambienti culturali e su fattori di scuola. Intorno a questo periodo uscì dalla scuola del Bartoli il lavoro —già menzionato— di Luigi Rocca,* Di alcuni commenti della Divina Commedia composti nei primi

---

(13) Cf. Francesco Mazzoni, «La critica dantesca del secolo XIV», in *Dante nella critica d'oggi*, a cura di Umberto Bosco (Firenze: Le Monnier, 1965), pp. 291-297.

(14) *Commedia di Dante Alighieri con ragionamenti e note* di Niccolò Tommaseo (Milano: Francesco Pagnoni Tipografo Editore, 1865).

(15) G. A. Scartazzini, *La Divina Commedia di Dante Alighieri* (Lipsia: 1874).

(16) T. Casini, *La Divina Commedia di Dante Alighieri* (Firenze, 1889).

(17) G. Todeschini, *Scritti su Dante*, raccolti da Bartolomeo Bressan (Vicenza: Tipografia reale G. Burato, 1872), 2 voll. Gli scritti risalgono al 1850.

(18) K. Hegel, *Ueber den historischen Werth der alteren Dante-Commentare mit einen Anhang zur Dino-Frage* (Leipzig: 1878).

(19) C. Witte, «Die beiden altesten Commentare der D. C.», in *Dante-Forschungen*, I, Heilbronn, 1860; si veda anche «Quando e da chi sia composto l'Ottimo comento a Dante», *ibid.*

(20) Michele Barbi, *Della fortuna di Dante nel secolo XVI* (Pisa: Tip. T. Nistri e C., 1890).

vent'anni dopo la morte di Dante (21), *in cui quei commenti già pubblicati —con iniziativa a volte garibaldina— (22) venivano riorganizzati con il ricupero ed il vaglio della tradizione manoscritta, l'indagine sul valore delle attribuzioni e l'analisi interna dell'opera.* Il lavoro del Rocca, come si è detto, si fermava però al commento di Pietro di Dante.

Sopravvenne, all'alba del Novecento, la nuova dottrina dell'Estetica crociana —esemplificata, all'inizio del terzo decennio, su un autore specifico con La Poesia di Dante— *che, rivolta alla ricerca della poesia pura al di fuori del tempo e dello spazio, spostava gli interessi dalla ricerca storica (forse senza l'intenzione dell'illustre teorico) (23).*

Ma sul principio degli anni quaranta apparvero in Italia nuovi indirizzi nel campo della critica letteraria, che riconducevano l'esame di giudizio su basi filologico-interpretative e storico-culturali di società, di ambiente, di scuola, di autore. In veritá, tale metodologia critica non si era in Italia mai completamente spenta, rimanendo tuttora operanti, anche se in penombra, il Barbi, il Cosmo, il Luiso, il Casella. Precisamente dalla scuola del Casella uscì, in quel tempo, una delle voci più decisive ai fini della rivalutazione dei primissimi commenti. Francesco Mazzoni, con una serie di articoli abili e combattivi, diede ad essa uno dei contributi più efficaci (24).

---

(21) Cf. *supra* p. 1, nota 2.

(22) Si pensi alle edizioni come quella del Lana (a cura dello Scarabelli), quella dell'Ottimo (a cura del Torri), quella dell'Anonimo fiorentino (a cura del Fanfani), che già ai loro tempi furono accolte con una certa riserva. Anche per l'edizione del commento di Benvenuto cf. *infra* p. 13 ss.

(23) *La Poesia di Dante* contiene un'esortazione a fare una storia dei commenti della *Commedia*, cf. Benedetto Croce, *La Poesia di Dante* (Bari: Laterza, 1943), p. 5.

(24) Francesco Mazzoni, «L'epistola a Can Grande», in *Atti dell'Accademia Nazionale dei Lincei*, X (1955), pp. 157-198; Id., «Per l'epistola a Cangrande», in *Studi in onore di Angelo Monteverdi* (Modena: 1959), II, pp. 498-516; Id., «Per la storia della critica dantesca I: Jacopo Alighieri e Graziolo Bambaglioli», in *Studi*

Egli non soltanto inculcò la necessità di un ritorno ai commentatori seniori come adiutorio indispensabile per un'esplicazione puntuale del poema, ma ristudiò problemi, dilucidò precedenti ricerche, erogando anche —nel campo specifico— nuove aperture per ulteriori problematiche di sviluppo.

Al momento attuale, l'attenzione del dantismo sui commentatori seniori è senza dubbio vigorosa e attestata sia da studi continui sulla varietà dei loro aspetti, sia da frequenti utilizzazioni (particolarmente filologiche e storiche) da parte dei moderni commendatori (si veda il Sapegno (25) e, più recentemente, il Singleton (26); ambedue con continui richiami a Benvenuto). Ultimamente si è anzi ritornati alla pubblicazione di qualche antico commendatore, ancora mancante. La recentissima edizione del Commentario di Guido da Pisa a cura del Cioffari (27) sta a significare —anche grazie alla raffinata eleganza della veste esterna— oltre che l'interesse, la preziosità con cui si accoglie la chiosa di un commendatore seniore.

Anche per il commento di Benvenuto —malgrado non sia stato mai trattato a fondo— non sono mancati studi parziali su aspetti particolari.

Col presente lavoro si vuol continuare un discorso già iniziato sugli antichi commentatori e che si è rivelato criticamente valido.

Danteschi, XXX (1951), pp. 157-202; Id., «Guido da Pisa interprete di Dante e la sua fortuna presso il Boccaccio», in *Studi Danteschi,* XXXV (1958), pp. 29-128; Id., «Pietro Alighieri interprete di Dante», in *Studi Danteschi,* XL (1963), pp. 279-360.

(25) *Dante Alighieri, La Divina Commedia* a cura di Natalino Sapegno (Firenze: La Nuova Italia, 1955).

(26) *Dante Alighieri, The Divine Comedy,* translated with a Commentary by Charles S. Singleton (Princeton, N. J.: Princeton University Press, 1970).

(27) *Guido da Pisa's Expositiones et Glose super Comediam Dantis or Commentary on Dante's Inferno.* with Notes and an Introduction by Vincenzo Cioffari (Albany, N. Y.: State University of New York Press, 1974).

Per l'impostazione metodologica si è tenuta presente, in linea generale, quella del Rocca, giudicata anche dalla critica più recente come la più idonea a tal genere di lavoro. Si esaminerà pertanto l'edizione a stampa e la tradizione manoscritta, per mostrare come e dove si possa leggere il commento rambaldiano. Si passerà poi alla considerazione di quegli aspetti che concorsero alla sua composizione. Infine si analizzerà il commento nei suoi elementi interni. Uno sguardo retrospettivo inquadrerà i nuovi apporti delle chiose del Rambaldi al commento secolare, e mostrerà la loro posizione nella problematica attuale della critica dantesca.

CAPITOLO I

IL «COMENTUM» E LA TRADIZIONE
MANOSCRITTA

Alla *Dante Society of America* spetta il merito d'aver
per la prima volta preso la risoluzione di render pubblico,
dopo mezzo millennio, l'intero commento di Benvenuto da
Imola alla *Divina Commedia*. Fu questo esattamente l'argomento discusso nella prima adunanza del Consiglio della Società nel 1881. Gli atti si conservano presso la Widener
Library della Harvard University ed i firmatari sono nomi
che fanno tuttora onore al dantismo americano (1). Vale
la pena di riportarne il manifesto; esso mostra quanto quegli
uomini avessero perfettamente individuato le caratteristiche
precipue del commentatore imolese, sebbene egli fosse conosciuto soltanto attraverso i frammenti storici pubblicati
dal Muratori nelle *Antiquitatis Italicae Medii Aevi* nel 1738:

«*The Dante Society,* of Cambridge, Massachusetts, proposes
to print the itherto inedited Latin Comment on the Divine

_____

(1) Dante Society, Cambridge, Massachusetts: *Circulars Concerning a proposed publication of the «Comment on the Divine
Comedy by Benvenuto da Imola» with a list of addresses to which
they were sent, 1881;* sotto la sigla Dn 2. 7, nella Widener Library
della Harvard University.

Comedy by Benvenuto da Imola. The importance of this Comment is well known. Composed in the early part of the fourth quarter of the fourteenth century, little more than fifty years after the death of Dante, by a man of knowledge of the world as well as of books, versed in the personal and political history of the preceding century, a friend of Boccaccio, and himself one of the chief men of letters of his time, it contains a larger amount of information concerning the conditions of Italy and the personages mentioned in the poem than will be found in any other of the early comments, and is of such value as an historical document that Muratori, 1738, in the first volume of his *Antiquitates Italicae Medii Aevi,* published large excerpts from it. The portion thus published included very little of the verbal and philosophical interpretation of the poem. A pretended Italian translation, mutilating and misrepresenting the original in the grossest manner, appeared at Imola in 1855-1856 (2). No version, however trustworthy, can satisfactorily supply the place of the original for the use of scholars. The publication of the Latin text in its integrity will provide students of the poem with the most important contribution to the interpretation of it that remains to be made from the fourteenth century ... *Council:* Henry Wadsworth Longfellow, *President* —James Russel Lowell, *Vice-President* —Charles Eliot Norton-Justin Windsor-Philip Coombs Knapp, Jr.—John Woodbury, *Secretary* —Cambridge, Massachusetts, June, 1881.»

Il contenuto del manifesto fu messo subito in effetto. La *Dante Society* impegnò all'opera un grande nome nel

---

(2) *Benvenuto Rambaldi da Imola Illustrato nella vita e nelle opere e di lui Commento Latino sulla Divina Commedia di Dante Allighieri* voltato in Italiano dall'Avvocato Giovanni Tamburini (Imola: dalla Tipografia Galeati, 1855-56), 3 voll.

campo dell'erudizione italiana: Pasquale Villari. Si può da ciò facilmente dedurre con quanta serietà si volesse condurre in porto l'impegno assunto.

L'illustre studioso, noto fuori d'Italia per le sue ricerche storiche, era abilissimo in tal genere di lavoro per l'intensissima attività svolta negli archivi fiorentini. Egli ebbe il compito di trascrivere il testo del commento benvenutiano contenuto nei codici 1, 2, 3, Plut. XLIII della Laurenziana.

La preferenza per questi codici fu determinata dal fatto che, un paio d'anni prima, l'entusiasta dantofilo inglese Lord Giorgio Vernon, per la cui munificenza erano già stati pubblicati altri manoscritti di antichi commendatori, aveva incaricato il Prof. Vincentio Nannucci, suo consigliere editoriale, di studiare i codici del commento di Benvenuto per una possibile pubblicazione. Il Nannucci, da ricerche effettuate a Firenze nella Laurenziana e nella Riccardiana, a Modena nell'Estense, a Milano nell'Ambrosiana, e a Roma nella Vaticana e nella Barberiniana, decideva per i tre codici suddetti 1, 2, 3, Plut. XLIII della Laurenziana, risultandogli i più completi. L'opera non venne compiuta per la morte del Vernon; anzi si abbandonò del tutto l'impresa a causa della mole di lavoro che essa comportava.

La decisione presa dalla *Dante Society* di Cambridge pervenne all'orecchio del figlio del Vernon, Augusto, che, desideroso di offrire il proprio omaggio alla memoria del padre, incaricò il Senatore Giacomo Filippo Lacaita di intraprendere la trascrizione del commento di Benvenuto qualora la *Dante Society* d'America, garantita d'una sicura effettuazione del lavoro, avesse acconsentito a sospendere la pubblicazione. Il Lacaita ottenne l'assenso da due membri del consiglio della Società, firmatari del manifesto di pubblicazione, Charles Eliot Norton e James Russell Lowell (in quel tempo Ministro plenipotenziario degli Stati Uniti a Londra); in conseguenza ebbe anche dal Villari il materiale già preparato (era stato trascritto il primo codice contenente l'*Inferno,* eseguito dal Bencini per il Vernon), e nel 1883 iniziò il completamento dell'opera. Nel frattempo venne a morire anche Augusto Vernon; tuttavia il finanziamento fu assunto dal fratello di lui, Guglielmo Warren Vernon. Così nel 1887 uscì finalmente, in cinque grossi volumi, il *Comentum super Dantis Aldigherij Comoediam* di Benvenuto Rambaldi da Imola, che è l'unica edizione a stampa che attualmente possediamo (3).

L'EDIZIONE DEL LACAITA

L'opera è riuscita, per quel tempo, un lavoro magnifico di arte tipografica. I volumi, pubblicati in due edizioni una di lusso ed una in veste più popolare, sono in formato elegante, con caratteri moderni, chiari, ampi e di facile e scorrevole lettura.

Per la scelta del materiale di trascrizione il Lacaita, attenendosi ai risultati delle ricerche precedenti, ha riprodotto i codici Laurenziani Plut. XLIII, 1 (per l'*Inferno,* datato in fine: «Expletū die vij febr̄ij hora xv 1409»), 2 (per il *Purgatorio,* datato in fine: «Explicit 24 decebr. 1409»), 3 (per il *Paradiso,* datato in fine: «Expm die ultio maij 1410.»); collazionandoli con altri tre codici per ciascuna cantica; precisamente:

(1) Codice Estense di Modena, contenente le tre cantiche (datato fine *Inferno:* «1408 antepenultimo junii»; fine *Paradiso:* «1408 ultimo augusti»);

_____

(3) Cf. *Benvenuti de Rambaldis de Imola, Comentum super Dantis Aldigherij Comoediam,* a cura di Giacomo Filippo Lacaita (Firenze: G. Barbera, 1887), 5 voll. N.B. Per evitare un numero eccessivo di note inseriremo nel testo stesso il luogo delle citazioni prese da quest'opera, indicando con l'abbreviazione *Lac.* l'opera stessa, con il numero romano il volume, e con il numero arabico le pagine.

(2) Codici Strozziani della Laurenziana, CLVII (per l'*Inferno*, datato 1416), CLVIII (per il *Purgatorio*, datato 1416), CLIX (per il *Paradiso*, datato 1459 ma il testo ha la stessa calligrafia dei codici precedenti) (4);

(3) Codici Gaddiani della Laurenziana Plut. XC Sup., n. CXVI, 2 (per l'*Inferno*, datato 6 aprile 1430); Plut. XC, Sup., n. CXVII (per il *Purgatorio*, non datato, giudicato del principio del sec. XV); e Plut. XLIII, n. IV (per il *Paradiso*, senza data, giudicato della fine del sec. XIV).

Le varianti dei codici di collazione sono state trascritte in nota, a fondo pagina. Le omissioni del codice riprodotto, evidenziate dai soli codici di collazione, sono state inserite nel testo tra due asterischi.

Quanto all'accuratezza della trascrizione, essa si rivela, a volte, molto povera, tanto da far dubitare sulle capacità del Lacaita per tal genere di lavoro. Ciò si avverte specialmente in quei passi in cui il curatore viene a trovarsi a contatto diretto della cultura dell'imolese o con nomi che non dovevano essergli familiari. Così per esempio, si ha Theobrotto» (Lac., III, 31) per Cleomboto; «Tricipinus» (Lac., V, 213) per Turpinus; «Aeolus» (Lac., III, 222) per Aeoliis; per queste parole non può pensarsi ad uno sbaglio del copista, avendo il Lacaita tre copisti sotto gli occhi; d'altronde egli avverte l'errore in nota quando lo riconosce.

Tali errori ci inducono giustamente a sospettare che possibili sbagli di stampa («Altabicius» per Alcabitius; «Algagelem» per Algazelem; «Ignius» per Iginus; «sed multi mortales» di Sallustio, trascritto «sed morti mortales») (5) potrebbero invece essere dovuti ad ignoranza. Non mancano infatti errori per cui il Lacaita dimostra chiaramente di non capire ciò che sta trascrivendo. Si potrebbe menzionare il passo

_____

(4) Cf. *supra*, p. 18, No. 6.
(5) Cf. rispettivamente Lac., IV, 349; IV, 108; III, 522; V, 52.

«Noster vero imperator liberum patrem colit» (Lac., IV, 305), per cui, se il curatore non avesse preso il «liberum» per un aggettivo di «patrem», avrebbe avuto in mano un documento per individuare approssimativamente l'allora discusso periodo di morte di Benvenuto (6). In altro luogo il curatore mette in corsivo un motto di Cristo citato dall'imolese nella sua chiosa: «dictum Christi dicentis: *'secundum autem opera eorum nolite facere;'* dicunt enim et non faciunt; et ego potius credo... ecc.» (Lac., V 226); il Lacaita ha creduto che il «dicunt enim et non faciunt» sia un'osservazione di Benvenuto; è invece la continuazione della frase di Cristo nel Vangelo (7). Altrove il Lacaita riduce a tre i nomi di quattro imperatori romani, avendo il commendatore riportato Caligola col nome di Gaio; così difatti egli trascrive il manoscritto: «sicut patuit in Nerone, Gaio Domitiano, Caracalla ecc.» (Lac., V, 232). Se avesse fatto attenzione, proprio poco più sotto nel testo avrebbe trovato la descrizione dei quattro generi di morte violenta degli imperatori, che avrebbero dovuto metterlo sulla giusta strada: «illo proprio pugione, illo veneno, alius trucidatus, alius strangulatus» (Lac., V, 232). La punteggiatura che è quasi tutta sistemata dal curatore, più che aiutare a volte rende più difficile la comprensione del testo, quando non ne muta addirittura il significato (8). Ma il difetto capitale dell'edizione è senza dubbio il fatto

---

(6) Il Lacaita fissa la data di morte di Benvenuto nel 1380, non trovando nel commento «allusione ad alcun avvenimento posteriore al 1379» (cf. *Benvenuti de Rambaldis de Imola, Comentum super Dantis Aldigherij Comoediam*, cit., p. xxxv). Il passo riportato nel testo accenna al dio Bacco, e l'imperatore Venceslao si era dato al vino dopo il 1385; fino a questa data Benvenuto era perciò ancora vivente. Secondo documenti venuti alla luce più di recente, Benvenuto è deceduto tra il 1387 e il 1388.

(7) Cf. Matteo, 23, 3.

(8) Si potrebbero riportare numerosi esempi; *brevitatis causa* rimandiamo il lettore ad uno citato più avanti per altro motivo, cf. *infra* p. 133, n. 39.

di non aver tenuto presente i codici più antichi del commento, quali, per esempio, quelli della Nazionale di Parigi e della Vaticana. Inoltre, dato il carattere particolare del lavoro di Benvenuto, composto, dalla metà circa del *Purgatorio* alla fine del poema, di frasi non finite e citazioni appena accennate, era di necessità consultare anche quei codici —chiamati «compendi»— contenenti le prime stesure dell'opera. Nè era da scartarsi a priori la verifica delle traduzioni italiane; essendosi smarrito l'originale di Benvenuto, esse potrebbero essere di diretta derivazione da codici seniori, se non addirittura da quello stesso di mano dell'autore.

Si vede dunque la necessità di un testo critico per l'esatto intendimento del commento benvenutiano. Non v'è dubbio perciò che una nuova edizione sarebbe ben accolta dagli studiosi di Dante; tanto più che, dalla pubblicazione di quella del Lacaita, numerosi altri codici sono stati segnalati.

Agli inizi dell'Ottocento —quando ritornò l'interesse per i commendatori seniori —erano noti al Rosini soltanto cinque esemplari, tanto da far credere che i codici del commento di Benvenuto fossero rarissimi (9). Con la pubblicazione della *Bibliografia Dantesca* del De Batines nel 1845 ne risultò un numero abbastanza copioso. Lo spoglio di alcuni di essi diresse le ricerche del Nannucci per una possibile pubblicazione, e lo stesso criterio fu mantenuto dal Lacaita per la sua edizione. In seguito nuovi codici son venuti fuori, segnalati in ordine sparso in varie pubblicazioni, ed in numero piuttosto rilevante.

Non sarà pertanto inutile raccogliere in un solo elenco i codici finora segnalati; tanto più che alcuni di essi ritenuti «compendi» dal De Batines sono in seguito risultati opera di Benvenuto stesso; inoltre, codici attribuiti ad altri autori, sono apparsi anch'essi come opera dell'imolese; e ciò può

_____

(9) Cf. C. De Batines, *Bibliografia Dantesca* (Prato: Tipografia Aldina Editrice, 1846), parte II, p. 304.

servire senz'altro ad una rettifica della *Bibliografia* del De Batines.

Seguiremo l'ordine stesso —che ci sembra il più pratico— seguito già dal De Batines e adottato poi dal Rocca nei suoi studi sui primissimi commentatori: i codici cioè saranno classificati in tre gruppi: nel primo si troveranno i codici contenenti il commento benvenutiano: nel secondo quelli che includono i cosidetti «compendi»; e nel terzo vi saranno i codici contenenti le traduzioni del commento. Ciascun gruppo —secondo il materiale esistente— sarà diviso in maniera da presentare prima i codici che contengono il commento alle intere tre cantiche; poi quelli aventi il commento a due sole cantiche; ed infine quelli col commento ad una sola cantica. Nelle singole partizioni i codici saranno elencati in ordine cronologico, secondo la data certa o presumibile di ciascuno di essi. Avvertiamo inoltre che di alcuni codici menzionati e descritti nella *Bibliografia Dantesca* del De Batines, dubitiamo che siano tuttora nella medesima collezione ivi segnalata (molti codici della Barberiniana, per esempio, sono passati alla Vaticana e molti della Biblioteca Albani sono stati acquistati da Theodor Mommsen nel 1863). D'altronde nan ci è stato possibile al momento presente verificare in quale collezione ora si trovino; perciò, a facilitare un riscontro, accanto al numero progressivo che verrà ad assumere ciascun codice nel nostro elenco comparirà (trascritto in parentesi quadre ed in cifre romane) il numero del codice corrispondente nell'elenco pubblicato dal De Batines.

I GRUPPO

I CODICI DEL COMMENTO DI BENVENUTO DA IMOLA

a) *Codici contenenti il commento a tutte e tre le cantiche:*

1—[I] Bibl. Nazionale di Parigi. No. 7002. 4; membran., datato 1394. Contiene il testo della *Commedia* al centro, contornato dal commento latino di Benvenuto, per tutte e tre le cantiche. La lettera del testo a volte discorda da quella commentata da Benvenuto (10).

2—Bibl. Vaticana, Codice Ottoboniano 2863, scritto nel 1407, contenente l'intero commento in latino di Benvenuto alla *Commedia* (11).

3—Bibl. Vaticana, Codici Urbinati 678-680, dell'anno 1407, contenenti l'intero commento in latino di Benvenuto alla *Commedia* (12).

4—[II] Bibl. Estense di Modena, No. VI, H, 11; membran., scritto nel 1408; contiene l'intero commento in latino di Benvenuto alla *Commedia*. Il testo del poema è inserito di volta in volta nel commento. È questo il codice usato dal Muratori per i suoi estratti storici, pubblicati nelle *Antiquitates Italicae Medii Aevi* nel 1738 (Mediolani, Tomo I, p. 1029, *Excerpta Historica ex Comm. mss. Benvenuti de Imola* ecc.). È anche uno dei codici collazionati per l'edizione del Lacaita; le dif-

---

(10) *Ibid.*, parte II, pp. 230-231 e 304.
(11) Francesco Novati, «Luigi Rossi-Casè - Di maestro Benvenuto da Imola commentatore dantesco», in *Giornale Storico della Letteratura Italiana*, anno 1888, vol. XVII, p. 96, n. 1.
(12) *Ibid.*, p. 96, n. 1.

2

ferenze di collazione sono inserite in nota a fondo pagina (13).

5—[III] Bibl. Laurenziana, Firenze, Cod. Plut. XLIII, Ni. 1, 2, 3; membran. in tre voll.; iniziato nel 1409, finito di scrivere nell'anno 1410; contenente l'intero commento di Benvenuto alla *Commedia*. È precisamente questo il testo trascritto nell'edizione del Lacaita dell'anno 1887 (14).

6—[IV] Bibl. Laurenziana, Firenze, Codici Strozziani, Ni. CLVII, CLVIII, CLIX; cartac. in tre voll., di cui i primi due portano la data dell'anno 1416, il terzo invece quella dell'anno 1459 (ma è un errore, o un'interpolazione, essendo questa data di mano diversa, mentre il testo del commento ha la stessa grafia dei due primi volumi). Contiene l'intero commento in latino di Benvenuto alla *Commedia*. È uno dei codici collazionati dal Lacaita con il testo del codice precedente della Laurenziana (in questo elenco No. 5); le varianti del presente codice sono in questa edizione inserite in nota a fondo pagina (15).

7—[VI] Bibl. Barberina di Roma, No. 2193; cartaceo in 2 voll., dell'anno 1423; contenente l'intero commento in latino di Benvenuto alle tre cantiche della *Commedia* (16).

8—Bibl. Marciana, Venezia, Classe IX Ital. CDXXVII; cartaceo della metà del sec. xv, contenente il testo della *Commedia* col commento in latino di Benvenuto, all'*Inferno*, all'inizio del *Purgatorio* e all'inizio del *Paradiso* (17).

---

(13) Cf. C. De Batines, *Bibliografia Dantesca*, cit., parte II, pp. 304-305.
(14) Cf. *Ibid.*, parte II, pp. 305-306.
(15) Cf. *Ibid.*, parte II, pp. 306-307.
(16) Cf. *Ibid.*, parte II, p. 308.
(17) Cf. *Bullettino della Società Dantesca Italiana*, Serie I: Studi, n. 15 (anno 1899) pp. 50-53.

b) *Codici contenenti il commento a due sole cantiche:*

9—[XIX] Bibl. Comm. Rossi (Roma), cartaceo, scritto negli anni 1412-1414; contenente il commento di Benvenuto alle cantiche del *Purgatorio* e del *Paradiso* (18).

10—[XVI] Bibl. dell'Università di Torino, Codici Latini, No. DCXXI, 1, V, 27; cartaceo, scritto nell'anno 1462, contenente il commento di Benvenuto alle cantiche dell'*Inferno* e del *Purgatorio* (19).

11—Bibl. Nazionale di Torino, codice ms. H. III. 16; contenente il commento di Benvenuto alle cantiche del *Purgatorio* e del *Paradiso* (20).

c) *Codici contenenti il commento ad una sola cantica:*

(i)—Sopra l'*Inferno:*

12—[VII] Bibl. Riccardiana, Firenze, No. 1045 (II, III, 362); membranaceo, della fine del sec. xiv; contiene il testo della sola prima cantica della *Commedia* ed il commento ad essa di Benvenuto (21).

13—[VIII] Bibl. Ambrosiana, Milano, No. 150, Pars Inf.; cartaceo, della fine del sec. xiv; contiene solo il commento di Benvenuto all'*Inferno;* inizia col secondo canto poichè è mancante della prima e dell'ultima pagina (22).

---

(18) Cf. C. De Batines, *Bibliografia Dantesca,* cit., parte II, p. 312.
(19) Cf. *Ibid.,* parte II, p. 311.
(20) Cf. *Giornale Storico della Letteratura Italiana,* anno 1884, vol. IV, p. 68, n. 1.
(21) Cf. C. De Batines, *Bibliografia Dantesca,* cit., parte II, p. 308.
(22) Cf. *Ibid.,* parte II, p. 309.

14—[IX] Bibl. Classense, Ravenna; codice cartaceo, della fine del sec. xiv; contiene il commento latino di Benvenuto sopra l'*Inferno* (23).

15—Biblioteca Capitular Colombina, Siviglia, No. 5-5-29; codice della fine del sec. xiv o inizio del sec. xv (nella prima fac. si legge l'anno 1484, data in cui il codice passò ad altra persona); contiene il commento in latino di Benvenuto sopra l'*Inferno* e la lettera «Posteritati» del Petrarca (24).

16—[XIV] Bibl. Ambrosiana, Milano, No. A. 196. Pars Inf.; cartaceo, dell'anno 1406; contiene il commento latino di Benvenuto sopra l'*Inferno* (25).

17—[XV] Bibl. Marciana, Venezia, No. LVII; codice cartaceo dell'anno 1421, contenente il commento latino di Benvenuto sopra l'*Inferno* (26).

18—[XIII] Bibl. Laurenziana, Firenze, Codici Gaddiani, Plut. XC Sup., No. CXVI, 3; cartaceo, del sec. xv, contenente il commento di Benvenuto sopra l'*Inferno*. Non ha data di compilazione, ma è certamente anteriore all'anno 1424, data di acquisto riportata alla fine (27).

19—[XII] Bibl. Laurenziana, Firenze, Codici Gaddiani, Plut. XC Sup., No. CXVI, 2; cartaceo, dell'anno 1430, contenente il commento di Benvenuto sopra l'*Inferno*. È uno dei codici

---

(23) Cf. *Ibid.*, parte II, p. 309.
(24) Questo codice ci è stato gentilmente segnalato dal Prof. Vincenzo Cioffari, al quale vanno i nostri ringraziamenti.
(25) Cf. C. De Batines, *Bibliografia Dantesca*, parte II, p. 311.
(26) Cf. *Ibid.*, parte II, pp. 153 e 311; *Bulletino della Società Dantesca Italiana*, Serie I: Studi, No. 15 (anno 1899), pp. 88-90.
(27) Cf. C. De Batines, *Bibliografia Dantesca*, cit., parte II, pp. 310-311.

collazionati dal Lacaita per il solo *Inferno,* sotto la sigla: 116 (28).

20—[X] Bibl. Vaticana; Codici Urbinati, No. 380; codice membranaceo del principio del sec. xv, contenente il commento di Benvenuto alla cantica dell'*Inferno* (29).

21—[XI] Bibl. Laurenziana, Firenze; Codici Gaddiani, Plut. XC Sup., No. CXVI, 1; cartaceo, del principio del sec. xv, contenente il commento di Benvenuto sopra l'*Inferno* (30).

22—Biblioteca del Seminario di Padova, MSS XXIII, contenente il commento di Benvenuto sopra l'*Inferno* (31).

23—Biblioteca del Seminario di Padova, MSS CLXXXV, contenente il commento di Benvenuto sopra l'*Inferno* (32).

(ii)—Sopra il *Purgatorio:*

24—[XVII] Bibl. Laurenziana, Firenze; Codici Gaddiani, No. 349, Plut., XC, Sup., No. CXVII; cartaceo, del principio del sec. xv, contenente il commento latino di Benvenuto sopra il *Purgatorio;* collazionato dal Lacaita nella pubblicazione del Laurenziano Cod. Plut. XLIII, Ni. 1, 2, 3, (No. 5 di questa serie); le varianti sono scritte in nota a fondo pagina, con la sigla: 117. Secondo il De Batines, scritto dallo stesso amanuense del Laurenziano Plut. XC, Sup., No. CXVI, 3 (in questa serie No. 18), che ha la data di acquisto nell'anno 1424 (33).

---

(28) Cf. *Ibid.,* parte II, p. 310.
(29) Cf. *Ibid.,* parte II, pp. 309-310.
(30) Cf. *Ibid.,* parte II, p. 310.
(31) Cf. *Giornale Storico della Letteratura Italiana,* anno 1888, vol. XVII, p. 96, n. 1.
(32) Cf. *Ibid.,* loc. cit.
(33) Cf. C. De Batines, *Bibliografia Dantesca,* cit., parte II, pp. 311-312.

25—Bibl. Bodleiana, Oxford, Codice No. IX, segnato Canon. Misel. 567; cartaceo, della fine del sec. xiv, contenente il commento di Benvenuto sopra il *Purgatorio* (34).

26—[XVIII] Bibl. Vaticana, No. 3438; cartaceo, del sec. xv, contenente il commento latino di Benvenuto sopra il *Purgatorio;* parzialmente mancante al principio ed alla fine; inizia con una parte del canto IV e termina con una parte del canto XXIX (35).

27—Bibl. Casanatense, Roma, Cod. Mss. 3988; cartaceo col solo primo f. membranaceo, della fine del sec. xiv o sec. xv; contenente il commento di Benvenuto sopra il *Purgatorio*.

(iii)—Sopra il *Paradiso:*

28—Bibl. Laurenziana, Firenze, Plut. XLIII, No. IV; cartaceo, della fine del sec. xiv; contenente il commento latino di Benvenuto sul *Paradiso*. Collazionato dal Lacaita per l'edizione del 1887 col Laurenziano Plut. XLIII, 3 (No. 5 in questa serie), con le varianti segnate in nota a fondo pagina sotto la sigla; 4 (36).

29—Bibl. Marciana, Venezia, Codice Lat., cl. XII, 6; della fine del sec. xiv, contenente il commento latino di Benvenuto sul *Paradiso* (37).

---

(34) Cf. Alessandro Mortara, *Catalogo dei manoscritti italiani che sotto la denominazione di codici canoniciani Italici si conservano nella Biblioteca Bodleiana a Oxford* (Oxonii: e Typographeo Clarendoniano, 1864), pp. 273-274.
(35) Cf. C. De Batines, *Bibliografia Dantesca*, cit., parte II, p. 312.
(36) Cf. *Ibid.*, parte II, p. 312.
(37) Cf. *Giornale Storico della Letteratura Italiana*, anno 1888, vol. XVII, p. 96, n. 1.

30—[XXI] Bibl. Vaticana, Cod. Vat. Lat. 4780, dell'anno 1430, mancante dell'ultima carta, che attualmente è costituita dal foglio 265 del codice miscellaneo della Bibl. Vaticana, Cod. Vat. lat. 7189, dal quale si è tolta la data. Contiene il commento latino di Benvenuto sopra il *Paradiso* (38).

31—[XXII] Bibl. Vaticana, Cod. Vat. lat. 4781; cartaceo, del sec. xv, contenente il commento latino di Benvenuto sul *Paradiso* (39).

32—[XXIII] Bibl. Vaticana, Cod. Vat. lat. 3437; cartaceo, del sec. xv; contenente il commento latino di Benvenuto sopra il *Paradiso;* mancante al principio ed alla fine, comincia con parte del canto II e finisce con parte del canto XXX (40).

33—[XXIV] Bibl. Marciana, Venezia, No. LVIII (Codici Marciani); cartaceo, del sec. xv; contenente il commento latino di Benvenuto sopra il *Paradiso* (41).

34—Bibl. Marciana, Venezia, codice latino cl. XIII, 120; del sec. xv; contenente il commento latino di Benvenuto sopra il *Paradiso* (42).

35—[XXV] Bibl. Trivulziana, Milano, No. XXIII; membranaceo del sec. xv; contenente il commento latino di

---

(38) Cf. C. De Batines, *Bibliografia Dantesca*, cit., parte II, p. 312 e, per l'ultimo foglio, p. 313 sotto il No. XXIII. Che questo foglio appartenesse al Cod. Vat. Lat. 4780 fu scoperto dal Campana dietro segnalazione di Don Giuseppe De Luca (cf. Augusto Campana, «Antico epitafio di Benvenuto da Imola in un codice imolese del commento dantesco», in *Studi Romagnoli*, VI (1955, pp. 15-29).
(39) Cf. *Ibid.*, parte II, p. 313.
(40) Cf. *Ibid.*, loc. cit.
(41) Cf. *Ibid.*, loc. cit.
(42) Cf. *Giornale Storico della Letteratura Italiana*, anno 1888, vol. XVII, p. 96, n. 1.

Benvenuto sopra il *Paradiso;* incompleto, finisce con parte del commento al canto XXVIII (43).

36—[XXVII] Bibl. Ambrosiana, Milano, No. P. 141; cartaceo, dell'anno 1510; contenente il commento latino di Benvenuto sopra il *Paradiso* (44).

37—[XXVI] Bibl. Barberina, Roma, No. 1714; cartaceo, dell'anno 1518; contenente il commento latino di Benvenuto sopra il *Paradiso* (45).

II GRUPPO

Codici contenenti i compendi del commento di Benvenuto

a) *Codici contenenti il commento a tutte e tre le cantiche:*

38—[V] Bibl. Laurenziana, Firenze, Ashburnhamiano 839; con l'*Inferno* e il *Paradiso* su fogli cartacei e scritti da mano differente e, sembra, più moderna del *Purgatorio,* che è scritto invece su pergamena ed ha all'inizio il nome dell'autore: «Super Purgatorium Dantis per benvenutum de Imola». e in fine: «expliciunt glose sive collectiones magistri benvenuti super purgatorium dantis scripte per fratem (sic) thedaldum ordinis minorum M. CCCLXXXI in loco burgi XVI aug.». Immediatamente dopo questa scritta, si possono raccogliere tra alcune macchie d'umido le seguenti parole: «...eius (?) expositiones... supra infernum et paradisum... anno domini M cccc X die XX novembris...» Quest'ultima data dovrebbe essere quella in cui le tre parti del commento provenienti

---

(43) Cf. C. De Batines, *Bibliografia Dantesca,* cit., parte II, p. 313.
(44) Cf. *Ibid.,* parte II, p. 134 e p. 314.
(45) Cf. *Ibid.,* loc. cit.

dalla stessa redazione furono riunite. Il codice contiene l'intero commento di Benvenuto alla *Commedia,* ma in forma più succinta. L'*Inferno* e il *Paradiso* sono scritti a tutta pagina ed il testo presenta a volte lunghi spazi vuoti, o parole saltate; mentre il *Purgatorio* è a due colonne e senza lacune. Del testo del poema è riportata soltanto la prima terzina all'inizio di ogni canto, per le cantiche dell'*Inferno* e del *Paradiso,* mentre per il *Purgatorio* sono riportate soltanto le prime due o tre parole del primo verso di ogni canto. Riteniamo che questo codice sia quello menzionato dal De Batines nella sua *Bibliografia Dantesca,* II, p. 308, ma non descritto perchè da lui non visto. Il De Batines lo assegna alla Biblioteca del Signor Libri a Parigi, ed in nota aggiunge la notizia dell'acquisto della collezione da parte di Lord Ashburnham. Il codice è di origine fiorentina; apparteneva originariamente alla collezione Pucci di Firenze. La parte contenente il *Purgatorio* è il manoscritto datato più antico che finora sia stato trovato del commento di Benvenuto, scritto mentre l'autore era ancora vivo (46).

39—[I] Bibl. Nazionale di Parigi, Fonds de Réserve, No. 5; membranaceo, della fine del sec. xv o dell'inizio del sec. xv; contenente il testo della *Commedia* con note del commento-compendio di Benvenuto, che arrivano fino al canto XXV del *Paradiso* (47).

40—[II] Bibl. Casanatense, No. A.V., 55; membranaceo, della fine del sec. xiv, contenente il testo del poema con postille latine del commento di Benvenuto (48).

---

(46) Cf. *infra* pp. 55 ss.
(47) Cf. C. De Batines, *Bibliografia Dantesca,* cit., parte II, p. 239 e p. 314.
(48) Cf. *Ibid.,* parte II, p. 181 e p. 314.

41—[III] Bibl. del Conte P. F. Fiorenzi, Roma; cartaceo, della fine del sec. xiv; è mancante di molti canti nelle tre cantiche; riporta il testo del poema e vi sono postille del commento di Benvenuto (49).

42—[IV] Bibl. Trivulziana, Milano, No. 9; cartaceo, dell'anno 1435; contiene il testo del poema a partire da parte del canto IV dell'*Inferno,* ed ha postille tratte dal commento di Benvenuto (50).

43—Bibl. Caetani, codice membranaceo, col testo della *Commedia* scritto alla fine del sec. xiv ed il compendio del commento di Benvenuto scritto al principio del sec. xv. Il commento inizia al canto III dell'*Inferno,* ed è molto frammentario. Un'annotazione del sec. xvi avverte che «Hoc commentum est Marsilii Ficini». Il testo della *Commedia* è uno dei quattro codici collazionati dal Witte per il suo testo critico del poema dantesco. Il codice è stato pubblicato nel 1930 dal proprietario Don Gelasio Caetani: *Comedia Dantis Aldigherii poetae florentini* (Sancasciano Val di Pesa: Tip. Fratelli Stianti, 1930) di pp. 497; ad ogni copia è unito un fascicoletto di pp. 13: *La prima stampa del codice Caetani della Divina Commedia* a cura di Gelasio Caetani (Tip. Stianti, 1930) (51).

44—Bibl. Reale, Torino, Cod. Var. 22; cartaceo, dell'anno 1474, contenente il compendio del commento di Benvenuto alle tre cantiche della *Commedia;* pubblicato nel 1886 (seconda edizione, 1888) a cura di Vincenzo Promis e Carlo Negroni come commento di Stefano Talice da Ricaldone (52).

---

(49) Cf. *Ibid.,* parte II, p. 207 e p. 314.
(50) Cf. *Ibid.,* parte II, p. 141 e p. 315.
(51) Il De Batines attribuisce il commento al Ficino, non lo segnala perciò tra i codici del commento di Benvenuto; cf. C. De Batines, *Bibliografia Dantesca,* cit., parte II, pp. 201-202.
(52) Vedi *infra* pp. 40 ss.

45—[VI] Bibl. Durazzo di Genova, No. D. XXXVI; membranaceo, della fine del sec. xv; contenente il testo del poema ed il compendio del commento di Benvenuto (53).

b) *Codici contenenti il commento a due sole cantiche:*

46—Bibl. Universitaria di Bologna, Codice Dantesco 590; cartaceo con qualcue foglio membranaceo, della seconda metà del sec. xv; contenente il compendio del commento latino di Benvenuto all'*Inferno* e al *Purgatorio* (54).

47—[V] Bibl. Albani, Roma; Codice dantesco, cartaceo, del principio del sec. xv; col testo del poema e col commento-compendio di Benvenuto al *Purgatorio* e al *Paradiso* (55).

III GRUPPO

CODICI CONTENENTI TRADUZIONI ITALIANE DEL COMMENTO
DI BENVENUTO

48—Bibl. Nazionale di Parigi, No. 7002, 2; codice membranaceo della fine del sec. xiv o inizio del sec. xv, contenente il poema con un commento in italiano che è la traduzione del commento latino di Benvenuto alla *Commedia* (56).

49—Bibl. Bodleiana, Oxford, MSS Canonici, Ni. 105-106-107; codice membranaceo della fine del sec. xiv o dell'inizio

---

(53) Cf. C. De Batines, *Bibliografia Dantesca*, cit., parte II, p. 162 e p. 315.
(54) Cf. Ludovico Frati, «Un compendio del commento di Benvenuto da Imola», in *Giornale Storico della Letteratura Italiana*, anno 1922, vol. lxxx, pp. 304-311.
(55) Cf. C. De Batines, *Bibliografia Dantesca*, cit., parte II, p. 193 e p. 315.
(56) Cf. *Ibid.*, parte II, p. 240 e 315.

del sec. xv, in tre volumi, contenente il commento italiano che è la traduzione del commento latino di Benvenuto alla *Commedia* (57).

Si hanno così 49 codici, almeno tanti sono quelli che ci è stato possibile rintracciare. Un numero non eccessivo, ma abbastanza considerevole, secondo soltanto —nella serie dei commentatori del '300— al Lana, del quale il Rocca nel 1891 segnalava 77 codici (58), ed anche per lui potrebbero esservene altri ancora non conosciuti. Lo svantaggio numerico —in sede di giudizio per una fortuna dell'opera— peserà meno se si considera qualcue fattore a sfavore dell'imolese: i cinquant'anni di svantaggio che lo separano dalla nascita del commento laneo; la mole eccessiva del commento stesso; e infine —cosa che senza dubbio fu più decisiva— il fatto indiscusso che nell'ultimo quarto del secolo xiv il dantismo —e insieme ad esso il dantofilismo— con Benvenuto, il Buti e l'Anonimo, nel momento stesso in cui raggiungeva lo zenith, iniziava anche la sua parabola discendente per il maturare di nuovi interessi suscitati dall'umanesimo.

Il materiale manoscritto, a quanto ci sembra, è sufficiente perchè un futuro editore del commento ne possa trarre vantaggio. Noi che non ce ne siamo proposti l'edizione critica ma l'esame analitico, non vogliano tralasciare alcune considerazioni che sono emerse dalle nostre ricerche e dallo studio di alcuni codici.

Riguardo al primo gruppo, dobbiano innanzi tutto dichiarare che il manoscritto originale di Benvenuto è andato

---

(57) Cf. *Ibid.*, parte II, p. 264 e p. 215; A. Mortara, *Catalogo dei manoscritti Italiani che sotto la denominazione di codici canoniciani Italici si conservano nella Biblioteca Bodleiana a Oxford* (Oxonii: e Typographeo Clarendoniano, 1884), coll. 119-122.

(58) Cf. Luigi Rocca, *Di alcuni commenti della Divina Commedia composti nei primi vent'anni dopo la morte di Dante* (Firenze: G. C. Sansoni, 1891), pp. 145-158.

smarrito, e l'attuale manoscritto estense è semplicemente la copia fatta riprodurre dalla Casa d'Este —evidentemente non dall'originale— tra gli anni 1408 e 1410. Molti sono caduti nell'errore (il Muratori, per esempio), e molti ancora vi cadono (ingannati forse dal nome), di confondere il manoscritto estense con l'originale dell'autore.

In quanto al testo, i manoscritti del primo gruppo contengono —ora l'uno ora l'altro— delle omissioni e a volte delle differenze, anche se non sostanziali; la lezione è facilmente ricuperabile attraverso un lavoro diligente di collazione.

Riguardo al secondo gruppo è da tener presente che esso si divide in tre categorie. Una prima categoria proviene da appunti presi dalle lezioni del Rambaldi tenute a Bologna nel 1375. Il testo, per quanto fedele all'idea dell'autore, non è stato però scritto da lui; è piuttosto una riproduzione fedele delle sue «recollectae» così come sono state da lui enunciate. Una seconda categoria deriva da Benvenuto e consiste delle «recollectae» bolognesi riscritte —con una leggera rielaborazione— a Ferrara. Una terza categoria consiste in veri e propri «compendi», desunti dal commento benvenutiano (I Gruppo) in forma di «estratti», da amanuensi o da privati per proprio uso. Essi risentono perciò dei gusti e delle preferenze del copista. Questi manoscritti evidentemente presentano tra loro delle differenze anche sostanziali, da vagliarsi singolarmente ai fini di una loro precisa attribuzione, ma principalmente da tenersi in considerazione per uno studio della alterna fortuna del commento di Benvenuto.

Il terzo gruppo contenente le traduzioni italiane del commento, può essere utilizzato sia per uno studio linguistico —in particolare delle espressioni popolaresche e folkloristiche presenti nella prosa latina fortemente idiomatica di Benvenuto— sia per un'edizione critica. A causa infatti dello smarrimento —già accennato— del manoscritto dell'autore, queste traduzioni non sono da scartarsi a priori potendo esse derivare dalla copia originale di Benvenuto.

Delle due traduzioni finora conosciute, quella della Bibl. Nazionale di Parigi è stata studiata dal Ferrari, che l'avrebbe trovata non sempre fedele; a volte il traduttore si allontana dal testo benvenutiano e chiosa per conto proprio (59). Non ci è stato possibile consultare il codice; ma a giudicare da una frase riportata dal De Batines (60), la traduzione della Nazionale di Parigi dovrebbe contenere lo stesso testo dell'altra conservata presso la Bodleiana di Oxford. In tal caso dovremmo dissentire dal giudizio del Ferrari. Il codice della Bodleiana, infatti, è stato da noi esaminato, ed è certamente una traduzione del commento di Benvenuto (I Gruppo) senza interventi personali del traduttore; tuttavia egli tende a rendere più conciso il testo, eliminando, per esempio il gran numero di aggettivazioni, saltando frasi esplicative di una sentenza precedente che perciò apparivano al traduttore inutili ripetizioni. La traduzione potrebbe esser derivata da uno qualunque dei codici descritti nel I Gruppo, ma è difficile stabilire con precisione quale di essi a causa della tendenza del traduttore a semplificare. Rimane pertanto aperta l'ipotesi d'una derivazione addirittura dall'originale di Benvenuto; le date del codice non ne diminuirebbero le possibilità: il De Batines lo giudica della fine del sec. XIV, il Mortara invece lo assegnerebbe all'inizio del sec. XV. In ogni caso, il manoscritto non è da sottovalutare poichè tutti i codici esistenti, anche i più completi, mancano —ora l'uno ora l'altro— di parole, o frasi; e in una collazione col testo italiano si potrebbe se non altro determinare quale sia l'importanza del passo lacunoso.

---

(59) Cf. C. De Batines, *Bibliografia Dantesca*, cit., parte II, p. 315.
(60) *Ibid.*, loc. cit.

Nella presente analisi, seguiremo —in linea generale— il testo del Lacaita, ma anche il Cod. Ashburhamiano 839 (No. 38 nella nostra serie) ed il Cod. Var. 22 della Bibl. Reale di Torino (No. 44 della nostra serie). La funzione di questi due ultimi codici si rileverà più avanti, quando spiegheremo il processo evolutivo del commento di Benvenuto.

Capitolo II

IL COMMENTO NEI SUOI ASPETTI ESTRINSECI

Idea di un commento alla *Commedia*

Iniziamo con il determinare come l'idea di un commento alla *Commedia* sia nata nella mente dell'autore Benvenuto. Ciò può costituire una testimonianza di tendenze e gusti d'una società culturale, nonchè un documento delle diverse reazioni suscitate dal poema stesso in un periodo particolare della storia letteraria.

Ecco alcuni richiami che, entro il quadro geo-storico dell'attività profesionale del grammatico imolese, potevano stimolargli l'interesse per un commento alla *Commedia*.

1) La stessa sede del suo tirocinio culturale: Bologna, forse il primo, ma certo il più forte centro del dantismo contemporaneo (1). Certissima ivi la presenza del Rambaldi per dieci anni (2), perciò una lunga familiarità con la città che doveva parlargli continuamente, per il ricordo d'una ripetuta presenza, del famoso poeta fiorentino, esule dalla patria.

---

(1) Vedi: Giovanni Livi, *Dante e Bologna, nuovi studi e documenti* (Bologna: Nicola Zanichelli, 1921).

(2) Cf. Lac., II, 16, dove Benvenuto espressamente dichiara «quia fui ibi [in Bologna] per decennium».

3

Da qui si hanno le prime segnalazioni d'interesse intorno al grande poema: il primo ammiratore letterato, Giovanni del Virgilio; uno dei primissimi commenti, quello del Bambaglioli; il primo commento integrale alle tre cantiche, quello di Jacopo della Lana; e forse le prime letture pubbliche. La stessa casa e strada dove viveva a teneva scuola, erano un richiamo a personaggi che Dante aveva fortemente caratterizzati nel poema, quali Guido Guinizelli, Oderisi da Gubbio e Franco Bolognese (3).

2)   La larga popolarità che riscuoteva il poema, proprio negli ultimi decenni del sec. xiv; e che ci viene da una esplicita dichiarazione di Benvenuto stesso, e che costituisce, tra l'altro, un documento indiscusso nella storia del dantismo: «quia videmus continuo» —egli constatava a proposito della *Commedia*— «quia fama istius auctoris crescit» (Lac., V, 7), e le sue creazioni poetiche «quotidie leguntur» (Lac., IV, 337) (4); da ciò la certezza di un valore duraturo per il poema, da sfidare i secoli come i grandi lavori classici: «liber iste... durabit per multa secula annorum et forte per millia annorum, si possumus coniecturare de futuro» (Lac., V, 7). Ed ancora, circa la fama del poeta ai suoi giorni, commentando i versi 98-99 *Purg.*, XI «e forse è nato / chi l'uno e l'altro caccerà dal nido», Benvenuto testimonia: «Et certe hic poeta praeclarus non solum expulit istos de possessione, sed et omnes ante se et post se *usque ad hodiernum diem*» (Lac., III, 315).

---

(3) Cf. Luigi Baldisserri, *Benvenuto da Imola* (Imola: Stabilimento tipografico imolese, 1921) pp. 20-23 e p. 78. Qui erano anche le scuole di Giovanni del Virgilio e di Taddeo d'Alderotto (*Par.*, XII, 83), cf. *ibid.*, loc. cit.
(4) Benvenuto, per sottolineare l'entusiasmo per la *Commedia* al suo tempo, ci riferisce che qualcuno, ammalatosi, si faceva portare il poema per attutirsi i dolori della febbre: «Vidi de facto, quod aliquando aliquis infirmus facit sibi portari Dantem, cum ardet calori febrilis, ad aliqualem delectationem» (Lac., II, 301).

3) La professione stessa di Benvenuto lo poteva indirizzare ad un commento alla *Commedia,* ritenuta ormai un «classico». Retore o *Magister in grammaticalibus,* era dedito alla storiografia ed alla lettura degli autori. Aveva cominciato con il *Romuleon,* un compendio di storia romana, e aveva continuato con i commenti a Virgilio, a Lucano, a Seneca, includendo anche i moderni con il commento alle *Egloghe* del Petrarca e forse un tentativo di commento per quelle del Boccaccio (5). Perciò egli era, come si diceva allora, un *autorista* (6). L'unione della *Commedia* col mondo classico aveva già attratto l'attenzione di un pre-umanista, che per primo si affaccia al dantismo, Giovanni del Virgilio; ed il richiamo di essa non poteva non attirare gli interessi dell'imolese, immerso già nella nuova corrente di studi perseguita dal Petrarca, Boccaccio e Salutati. Il suo commento, nella parte diciamo così tecnica, risente del metodo usato dagli *autoristi* nel chiosare i classici.

4) Non dobbiamo trascurare un motivo che possiamo definire di ordine psicologico: l'affinità di carattere tra Benvenuto e Dante. Con Dante egli si assimilava nella sventura di «exul immeritus»; nella rigidezza di principi e fermezza di carattere; nella critica amara e violenta contro la corruzione del clero e della Curia; in certe attese apocalittiche; come anche nei difetti personali (7). Evidentemente questo l'aveva appreso dalle fonti per lui più autorevoli: le opere umanistiche (le opere latine) del Boccaccio, che egli accetta e riproduce come fonte primaria ed indiscutibile nel suo commento (8).

---

(5) Giacomo Filippo Lacaita, «Della vita e delle opere di Benvenuto», nell'edizione del *Comentum super Dantis Comoediam* (Firenze: Barbera, 1887), pp. xxxvi-xli.

(6) Per quanto riguarda il termine *autorista* vedi: Heinrich Denifle, *Die Universitaten des Mittelalters bis 1400* (Berlin: Weidmann, 1885), vol. I, p. 475, nota.

(7) Vedi *infra* pp. 158 ss.

(8) Vedi *infra* p. 99, anche p. 107.

5)   Di riflesso perciò possiamo anche dire che egli può essere stato la felice vittima dell'appassionato entusiasmo del Certaldese per il grande poeta fiorentino, rigettato dai propri compatrioti. L'intima amicizia e gli scambi di interesse culturale tra i due rendono plausibile la supposizione che lo stesso Boccaccio avrebbe avvicinato Benvenuto all'opera di un autore nel quale li accomunava l'amore, la grande stima e l'entusiasmo.

DATA DI COMPOSIZIONE DEL COMMENTO

Da alcuni accenni reperibili nel commento stesso, una prima idea d'intraprendere un lavoro esplicativo della *Commedia* si potrebbe far risalire al 1365, cioè a subito dopo la prima opera di Benvenuto in ordine assoluto di pubblicazione, il *Romuleon*. Discorrendo dei luoghi visitati in Francia durante il suo viaggio ad Avignone, per perorare una causa dei concittadini imolesi presso la curia papale (9), egli mostra il proprio interesse nello studiare minutamente luoghi e cose segnalati e descritti dall'Alighieri nel poema (10). Se ciò fa pensare ad una precedente conoscenza della *Commedia,* non dovrebbe tuttavia escludere il progetto di un futuro lavoro di esplicazione di un'opera che, secondo lo stesso Benvenuto, richiedeva una particolare preparazione e un insieme di conoscenze diverse: «sunt occulta et incognita in isto libro» (Lac., II, 11) composto dal «curiosissimus indagator poeta Dantes» (Lac., V, 291).

---

(9) Benvenuto fu scelto con altri quattro imolesi il 20 marzo 1365 dal popolo di Imola per una missione al Papa Urbano V. Il documento si conserva nell'archivio comunale d'Imola, Mazzo IX; è stato pubblicato dal Rossi-Casè, tradotto in italiano, cf. Luigi Rossi-Casè, *Di Maestro Benvenuto da Imola commentatore dantesco* (Pergola: Stab. Tip. Fratelli Gasperini Editori, 1889), pp. 55-58.
(10) Cf. Lac., I, 326 a proposito dei *sepolcri* di Arles (*Inf.*, IX, 112 e 115).

Una data precisa si potrebbe ricavare da un frammento di lettera di Benvenuto, apparso la prima volta in un'opera a stampa del letterato imolese Girolamo Claricio, nel 1521. È da menzionare il fatto che in data 9 febbraio 1373 il Petrarca inviava da Padova al Rambaldi una lettera responsiva su problemi morali intorno alla funzione della poesia (11). Precisamente in replica a questa lettera, Benvenuto comunicava tra l'altro al Petrarca: «Scias me anno praeterito extremam manum commentariis meis, quae olim tantopere a me efflagitasti, in Dantem praeceptorem meum imposuisse; mittam ubi fidum fuero nactus nuntium» (12). Essendo questa lettera successiva a quella del Petrarca scritta nel febbraio del '73, si avrebbe qui chiaramente l'anno 1372 come termine del commento di Benvenuto. Ma l'autenticità del frammento è stata fortemente messa in dubbio, alla fine del secolo scorso, dal Novati (13). Senza che alcuno si fosse mai preso la briga di constatare il peso delle sue argomentazioni, la lettera è stata comunemente ritenuta spuria. Non manca tuttavia il legittimo dissenso di qualche erudito (14). Da parte nostra

---

(11) Lett. del Petrarca, *Sen.*, XIV, 11.

(12) Girolano Claricio, *Apologia di Gieronimo Claricio contra Detrattori della poesia di messere Giouanni di Boccacio al molto magnifico messer Gioua. Philippo di Roma. Gentil huomo Milanese* (Milano: in aedibus Zannetti Castellionis, 1521) fac. 14-15.

(13) F. Novati, «Per la biografia di Benvenuto da Imola - Lettera al Professor V. Crescini», in *Giornale Storico della Letteratura Italiana*, vol. XIV (1889), pp. 258-268.

(14) Cf. Paget Toynbee, «Homer in Dante and in Benvenuto da Imola», in *Dante Studies and Researches* (New York: E. P. Dutton & Co.; London: Methuen & Co., 1902), pp. 211-212, nota 4; Id., «Benvenuto da Imola and his Commentary on the Divina Commedia», in *Dante Studies and Researches*, cit., p. 221, nota 4 (già pubblicato in *An English Miscellany: presented to Dr. Furnivall in honour of his seventy-fifth birthday*, Oxford, 1901). Per la controversia sull'autenticità della lettera di Benvenuto cf. —in relazione a dubbi avanzati contro di essa— Apostolo Zeno, «Il Petrarca col commento di Bastiano Fausto da Longiano», in Giusto Fontanini, *Biblioteca dell'eloquenza italiana* (Venezia: Presso G. Pasquali, 1753), vol. II, p. 25; Giovanni Battista Baldelli, *Vita di Giovanni*

abbiamo studiato le argomentazioni del Novati una per una, e dobbiamo concludere che se la lettera del Rambaldi non è autentica, le ragioni devono ancora esser definite, giacchè quelle portate dal Novati non sono affatto convincenti (15).

Ad ogni modo, escludendo pure la testimonianza e perciò il valore del frammento riportato dal Claricio, vi è una dichiarazione esplicita del Rambaldi che dovrebbe ugualmente riportarci all'incirca alla data suggerita dalla lettera incriminata. Nell'edizione pubblicata del Lacaita leggiamo: «In MCCCLXXV, dum essem Bononiae, et legerem librum istum...» (Lac., I, 523). La dichiarazione stabilisce incofutabilmente luogo e data: Bologna 1375. Dunque nell'anno 1375 Benvenuto leggeva a Bologna il suo commento a Dante; e

---

Boccaccio (Firenze C. Ciardetti e comp., 1806), p. 236; Attilio Hortis, *Studi sulle opere latine del Boccaccio con particolare riguardo alla storia della erudizione nel medioevo e alle letterature straniere* (Trieste: J. Dase, 1879), pp. 3-4; Francesco Lo Parco, recens. su «Francesco D'Ovidio, Benvenuto da Imola e la leggenda virgiliana», in *Bullettino della società dantesca italiana*, Nuova Serie, XXII (1915), pp. 98 ss.; *Giovanni Boccaccio, L'Amorosa Visione*, a cura di Vittore Branca (Firenze: G. C. Sansoni, 1944), pp. lxxxii ss. Tuttavia Sebastiano Fausto da Longiano e Giuseppe Betussi ne riconoscevano implicitamente l'autenticità ripubblicandola: *Il Petrarca col comento di M. S. Fausto da Longiano, con rimario et epiteti* (Vinegia: F. Bindoni e M. Pasini, 1532); e *Genealogia de gli Dei. I quindeci libri... sopra la origine et discendenza di tutti gli Dei de' gentili... Tradotti et adornati per M. Giuseppe Betussi... Aggiuntavi la vita del Boccaccio* (Vinegia: Comino da Trino, 1547). L'autenticità della lettera è esplicitamente affermata in: Giacomo Filippo Lacaita, *Benvenuti de Rambaldis de Imola, Comentum super Dantis Aldigheij Comoediam*, cit., vol. I, p. xxx; Luigi Rossi-Casè, *Di Maestro Benvenuto da Imola commentatore dantesco* (Pergola: Stab. Tip. Fratelli Gasperini editori, 1889), pp. 75-77.

(15) Non è questo il luogo di scendere nei particolari del problema; ma basterà far notare che essendo le argomentazioni del Novati basate principalmente sul fatto che Benvenuto nel 1383 ancora veniva scrivendo il Commento (come risulta da una lettera del Salutati: cf. *Epistolario di Coluccio Salutati* a cura di Francesco Novati, Roma: Forzani e Co., Tipografi del Senato, 1893; vol. II, pp. 76-80), tali argomentazioni cadono di fronte all'evidenza di due redazioni del commento di Benvenuto precedenti a quella del 1383 (cf. *supra* pp. 40 ss.).

da ciò si inferisce che le lezioni per esser lette dovevano pur essere state pensate ed elaborate precedentemente. E ciò ci riporta di necessità a qualche anno innanzi, precisamente quando il Petrarca scriveva a Benvenuto sul valore etico della poesia. Si noti che tale lettera si ritrova nel proemio alle lezioni bolognesi della *Commedia,* mai però nel corpo di esse; mentre più tardi, quando le lezioni sono state più ampiamente riscritte, troviamo la lettera citata più di una volta lungo il commento. È innegabile dunque che la missiva del Petrarca in data 9 febbraio 1373 avesse una diretta connessione col commento di Benvenuto. Ciò ci riporta all'assunto iniziale, che cioè, prescindendo anche dal discusso frammento del Claricio, già all'inizio dell'anno 1373 Benvenuto doveva aver preparato le lezioni del commento che sarebbero state lette in un prossimo futuro ai suoi alunni.

TRE REDAZIONI DEL COMMENTO BENVENUTIANO

Dunque fin dai primi anni della sua carriera letteraria, Benvenuto ha meditato di comporre un commento alla *Commedia;* e sappiamo che fino agli ultimi giorni della sua esistenza, egli vi stava ancora lavorando. Anche per Benvenuto, come sarà per l'Ariosto con l'Orlando, per il Tasso con la Gerusalemme, per il Manzoni con i Promessi Sposi, il commento può dirsi l'opera di tutta una vita. Ma proprio per il lungo periodo d'elaborazione dell'opera, che avvenne a intermittenze; per la mole dei manoscritti, diversi nella forma e nell'esplicazione, vi è stato sempre sul commento del Rambaldi un alone di mistero che ha destato confusione tra i critici e li ha portati a volte ad attribuire addirittura contraddizioni al commentatore imolese.

Alcuni studi parziali del Barbi hanno fatto nascere a qualche studioso il sospetto circa l'esistenza di redazioni differenti del commento. Prove però non ne sono mai state addotte e, tuttora, affermazioni critiche correnti in proposito si appoggiano unicamente alle ipotesi del Barbi. Uno studio dei codici ci ha portato ad individuare la genesi di alcuni di essi, a circoscriverli entro lo svolgersi progressivo dell'opera così da determinare le tappe del commento, visto come lavoro *in fieri,* dall'origine alla sua fase definitiva. Riportiamo i risultati.

Prima redazione.

Benvenuto stesso ci informa nel commento circa la data e il luogo in cui tenne le sue lezioni sulla *Commedia:* «In MCCCLXXV dum essem Bononiae et legerem librum istum...» (Lac., I, 523). È chiaro che quello non poteva essere precisamente il libro che aveva sotto la penna; tanto più che in esso sono menzionati fatti e circostanze accaduti dopo il 1375. Si tratta dunque di un commento precedente; ma quale? e come?

Nel 1884 Rodolfo Renier scopriva nella Biblioteca Reale di Torino un codice, fino allora completamente ignorato, contenente il commento a tutta la *Commedia* (16). Nell'*explicit* del manoscritto si leggeva: «... scriptum fuit et expletum opus hoc et lectura dantis aldigherii poete florentini per me stephanum talicem de ricaldono in burgo liagniaci 1474. 15 kalendas novembris hora 12», e il Renier deduceva che l'autore e l'amanuense erano la stessa persona, precisamente Stefano Talice da Ricaldone (17). Si asteneva tuttavia da un'affermazione definitiva giacchè riscontrava nell'interno del lavoro patenti contraddizioni, quali, per esempio, certe allusioni, specialmente in relazione a date e avvenimenti cui si riferiva al presente, che non avevano niente a che fare con l'anno

_____

(16) Rodolfo Renier, «Un commento a Dante del secolo xv inedito e sconosciuto», in *Giornale storico della Letteratura Italiana,* IV (1884), pp. 56-80.
(17) *Ibid.,* p. 61.

1474. Inoltre riscontrava nel contenuto una grandissima affinità col commento di Benvenuto da Imola degli «*Excerpta Historica*» pubblicati dal Muratori (non era ancora uscita l'edizione del Lacaita), concludendo che qualora l'autore fosse stato effettivamente Stefano Talice, costui si era servito quasi esclusivamente del commento del Rambaldi.

Due anni più tardi, nel 1886, il codice scoperto dal Renier veniva pubblicato a cura di Vincenzo Promis e Carlo Negroni, i quali si sottoponevano senza batter ciglio alla fatica di stendere dieci pagine d'una coraggiosa biografia su Stefano Talice, commentatore di Dante. E due anni dopo usciva la seconda edizione, sebbene l'anno precedente fosse già stata pubblicata l'edizione benvenutiana del Lacaita e bisognava essere ciechi per non vedere, in Talice, Benvenuto (18).

Intanto l'esperto dantista Luigi Rocca veniva a conoscenza di un codice della collezione di Lord Ashburnham contenente l'intero commento di Benvenuto da Imola alla *Commedia,* ma in forma più breve di quello pubblicato dal Lacaita (19). Da un'analisi il Rocca concludeva che questo non era che una nuova redazione del commento eseguita da Benvenuto stesso, ricopiata poi in gran parte da Stefano Talice nel 1474 mentre compilava il suo commento latino al poema dantesco.

Ancora due eruditi, Benedetto Plebani e Ferdinando Gabotto, nel 1893, gettavano nuova luce su Stefano Talice stabilendo con prove che costui, anzichè un chiosatore, era un semplice copista (20).

---

(18) *La Commedia di Dante Alighieri col commento inedito di Stefano Talice da Ricaldone* a cura di Vincenzo Promis e Carlo Negroni (Milano: Ulrico Hoepli, seconda edizione, 1888).

(19) Cf. Luigi Rocca, *Di alcuni commenti della Divina Commedia composti nei primi vent'anni dopo la morte di Dante* (Firenze: G. C. Sansoni, 1891), p. 137, ed anche *ibid.* nota 2.

(20) Benedetto Plebani, «Se il commento palatino alla Divina Commedia possa attribuirsi a Talice da Ricaldone», in *Gazzetta*

A sua volta, in quello stesso anno, il Novati chiariva ulteriormente (almeno così lui credeva) le incertezze sul testo Ashburnhamiano, dichiarando che questo non era una nuova redazione del commento, compilata da Benvenuto sulle letture tenute a Bologna (come aveva pensato il Rocca), ma addirittura la «recollecta» di uno studente che aveva assistito alle lezioni bolognesi del '75 (21).

Rimaneva tuttora il mistero sulla paternità del commento copiato da Stefano Talice da Ricaldone. Ebbene, nel 1908, il Barbi dichiarava in un articolo di poter offrire «indizi e prove sufficenti» per dimostrare che il commento attribuito a Stefano Talice altro non era se non «il testo della lettura fatta nel 1375 a Bologna da Benvenuto da Imola» (22).

Gli «indizi e prove sufficenti» riportate dall'eminente filologo erano in verità —per chi avesse seguito l'intera polemica— una elaborazione degli stessi indizi e prove (compreso anche qualche abbaglio) (23) precedentemente offerti

---

letteraria, Torino, 14 gennaio 1893, A. XVII, No. 2; Ferdinando Gabotto, «Alcuni appunti sul teatro in Piemonte nel sec. xv e su Stefano Talice da Ricaldone», in Biblioteca delle scuole italiane, 1893, V, 11; per quest'ultimo articolo cf. anche La Cultura, anno V, No. 3, 21 gennaio 1895.

(21) Cf. Luigi Rossi-Casè, Ancora di Maestro Benvenuto da Imola Commentatore dantesco (Imola: Tipografia Galeati, 1893), p. 13.

(22) Michele Barbi, «Il testo della 'Lectura' bolognese di Benvenuto da Imola nel cosiddetto Stefano Talice da Ricaldone», in Bullettino della Società dantesca italiana, Firenze, Nuova Serie, vol. XV (1908), p. 215.

(23) Così, per esempio, il Rocca aveva riportato il commento di Talice ai versi Purg., XII, 43-45 «Ita faciunt multi ignorantes, sicut fuit ille Petrus della Lana, Servius Zonus (sic), qui multas vigilias expenderunt in componendo comenta», notando che il Talice avesse fatto una confusione di nomi non conoscendo il nome proprio di Jacopo della Lana. Una riflessione simile fa il Barbi notando una confusione da parte del Talice e riportando una spiegazione più intelligente: «La lezione Petrus, il trovar qui, dopo altre parole più appropriate a Jacopo di Zone della Lana (ma Servius?), adoperato il plurale... ecc». In realtà non c'è alcun errore da parte del Talice: i nomi corrispondono chiaramente a quattro individui,

dai summenzionati critici per testimoniare che Talice non era l'autore ma semplicemente il copista delle chiose che andavano sotto il suo nome. Tuttavia il Barbi, tenendo per fermo 1) che il codice Ashburnhamiano corrispondesse alla «recollecta» di uno studente di Benvenuto ripresa a Bologna nel '75 (affermato dal Novati), 2) che il commento del Talice fosse sostanzialmente identico al codice Ashburn. (stabilito dal Rocca), concludeva che il commento del Talice era la «recollecta» di un'altro studente dell'unico lettore Benvenuto da Imola (24).

Ora c'è il fatto indiscutibile che il codice Ashburnhamiano non è la «recollecta» presa da uno studente a Bologna nel '75. In teoria, da una premessa falsa non scaturisce una conseguenza vera; ma in pratica però la relatività, se non proprio di stampo einsteiniano, ancora —almeno in critica letteraria— funziona; e il Barbi aveva colpito il vero, anche se non poteva provarlo.

In verità, egli stesso aveva capito l'incompletezza delle sue ricerche, se nel suo scritto esortava a continuare il lavoro «per l'aiuto che poteva porgere a studiare e determinare le varie redazioni del commento rambaldiano». E accennava anche alle difficoltà: «ma sono indagini —continuava l'illustre

---

dei quali i primi due sono i commentatori danteschi Pietro di Dante e Jacopo della Lana, e gli altri due sono i commentatori virgiliani Servio Mauro e Zono de Magnaliis che Benvenuto attacca continuamente nel commento alle Egloghe di Virgilio. Purtroppo anche i curatori del commento del Talice non avevano capito il testo: mettendo una virgola dopo «Lana» e un'altra dopo «Zonus», hanno creduto che quei nomi stessero per due persone, mentre, invece, sono quattro (Cf. per il Rocca, *Di alcuni commenti della Divina Commedia composti nei primi vent'anni dopo la morte di Dante*, cit., p. 138; per il Barbi, «Il testo della 'Lectura' bolognese di Benvenuto da Imola nel cosiddetto Stefano Talice da Ricaldone», in *Bullettino della Società Dantesca Italiana*, cit., p. 216, nota 2).

(24) Michele Barbi, «Il testo della 'lectura' bolognese di Benvenuto da Imola nel cosiddetto Stefano Talice da Ricaldone», in *Bullettino della Società Dantesca Italiana*, cit., p. 228.

critico— a cui pochi s'arrischiano, contenti di più facili divagazioni» (25).

Ci sembra di poter presentare, in proposito, argomenti che provano a sufficenza che il testo copiato dall'amanuense Stefano Talice nel 1474 non è altro che 1) il commento di Benvenuto da Imola letto a Bologna; 2) non però tratto dai suoi appunti personali, ma da quelli raccolti da uno dei presenti.

Quando al primo asserto, pur tenendo presente che il testo del Talice rimane sostanzialmente uguale alle altre redazioni, si deve notare che esso contiene tuttavia, in certe chiose, accenni a date e luoghi, a circostanze e situazioni, o particolari caratteristiche espositive, tali da indurre a individuarvi precisamente il testo della lettura di Dante che Benvenuto dice d'aver tenuto a Bologna nel 1375. Eccone alcuni momenti:

1) Nell'intero testo taliciano la lezione è presentata come attuale senza menzione alcuna di previe letture dantesche o luogo e tempo della loro effettuazione; il che invece si trova regolarmente negli altri testi del commento letto o scritto più tardi. Così, chiosando *Purg.*, XV, 71-72 («quantunque carità si stende, / cresce sovr'esso l'eterno valore»), nell'edizione Lacaita, Benvenuto scrive: «Quod autem unum et idem non diminuatur ex participatione multorum patet, quia una vox mea transit ad aures multorum scholarium, et doctrina mea diffunditur in mentes multorum auditorum, diversimode tamen pro qualitate ingeniorum, et tamen in me non minuitur, imo crescit, sicut memini me solitum dicere, cum facerem istam lecturam in Bononia» (Lac., III, 411); mentre nello stesso punto, nella lezione del Talice troviano precisamente così: «Quia Deus qui est summum bonum, infundit radios suos in

(25) *Ibid.*, p. 213.

mente hominum secumdum capacitatem cuiuslibet; ideo quanto sunt plures, plus crescit; sicut verbi gratia *lectura quam facio,* licet distribuatur in multos, tamen non diminuitur, sed potius augetur» (26). Si noti il *lectura quam facio,* che denota il momento attuale dell'esposizione.

2) Per mostrare la configurazione fisica dell'*Inferno* dantesco, Benvenuto —nelle letture dopo il '76, cioè scritte mentre era fuori di Bologna— egli ricorre di solito all'immagine dell'Arena di Verona, aggiungendo una sola volta il luogo *Corbi* di Bologna, specificando naturalmente la città in cui tale luogo si trovava giacchè poteva essere non conosciuto: «Infernus fingitur ab auctore esse locus rotundus, distinctus per gradus et circulos qui incipit ab amplo et continuo gradatim arctatur usque ad centrum, sicut theatrum sive harena Veronae, licet harena magis habeat figuram ovalem quam speralem, vel sicut Corbis Bononiae» (Lac., I, 185). Invece, nel testo del Talice che veniva letto a persone residenti a Bologna, è l'Arena di Verona che viene spiegata con il luogo *Corbi* e senza menzionarne la città in cui si trova: «Infernus stat sicut arena Veronae *que stat ad modum corbis* desuper ampla et infra stricta» (27). A chiunque risiedesse fuori Bologna sarebbe stato impossibile capire la parola *Corbi,* mentre a un bolognese il posto doveva essere ben noto.

3) L'originale spiegazione chiosastica di *Inf.* XVIII, 51, della parola *Salse,* riferita da Benvenuto ad un luogo preciso di Bologna, nell'edizione del Lacaita è presentata con una dettagliata spiegazione al fine di orientare il lettore ignaro della città: «*Salse* est quidam locus Bononiae concavus et

---

(26) *La Commedia di Dante Alighieri col commento inedito di Stefano Talice da Ricaldone,* a cura di Vincenzo Promis e Carlo Negroni, cit., vol. II, p. 194.
(27) *Ibid.,* vol. II, p. 33.

declinus extra civitatem post et prope sanctam Mariam in Monte, in quem solebant abiici corpora desperatorum, foeneratorum, et aliorum infamatorum. Unde aliquando audivi pueros Bononiae dicentes unum alteri ad improperium: Tuus pater fuit proiectus ad Salsas. Ad propositum ergo auctor vult dicere: Quid ducit te ad vallem tam infamem, sicut est vallis Salsarum apud patriam tuam?» (Lac., II, 11). Il testo del Talice, invece, è privo d'ogni chiarificazione del posto e dice semplicemente: «*Salse* est locus post Sanctam Mariam Montis, ubi solebant poni usurarii et desperati; quasi dicat: o tu, qui fuisti ita sapiens, quia dimisisti te conduci ita ad locum infamie?» (28). Si noti che non vien neppure menzionata la città, eppure in Italia di «Santa Maria del Monte» ve ne sono a bizzeffe; è chiaro che a qualunque petroniano essa richiamava il noto Santuario della Madonna di S. Luca. Dobbiamo aggiungere che, sempre nel medesimo passo, Benvenuto si dilunga —nell'edizione del Lacaita— a descrivere usi e costumi dei Bolognesi, abitudini particolari delle loro donne, nonchè il caratteristico uso della parola *sipa* in quel dialetto; tutto ciò è completamente tralasciato nel testo taliciano, giacchè per chi viveva in Bologna tali allusioni sarebbero risultate perfettamente inutili.

4) A chiosare la terzina *Inf.* XX, 67-69 («Loco è nel mezzo là dove 'l trentino / pastore e quel di Brescia e 'l veronese / segnar poria, s'e' fesse quel cammino»), tutte le letture benvenutiane riportano semplicemente la regola canonica: «nullus episcopus potest signare nisi in territorio suo»; soltanto il testo taliciano aggiunge l'esempio: «ita quod episcopus Bononiae non potest signare in Ferraria vel alibi» (29); suggerito dal luogo, sarebbe stato almeno inappropriato detto in altra sede.

---

(28) *Ibid.*, vol. I, p. 259.
(29) *Ibid.*, vol. I, p. 285.

5) Nel verso *Par.* IV, 76 («che volontà, se non vuol, non s'ammorza»), Benvenuto deve provare con Dante che Piccarda e Costanza non sono scusabili per essere rimaste fuori del convento. Nelle altre letture il chiosatore elabora soltanto l'esempio suggerito dalla terzina dantesca («ma fa come natura face in foco, / se mille volte violenza il torce ecc.»); invece nel Talice egli si pone l'obiezione —che potrebbe venirgli dal suo uditorio— se effettivamente si dia il caso di una volontà che possa reagire alla violenza: «Sed diceres: Bene, forte fuit verum, vel non»; a cui risponde: «Iste sunt frasche; quia istud etiam accidit hodie, sicut de rustico qui noluit occidere dominum Gemicium Hispanum. Sed si istis animabus fuit ablata binda, et posita corona, ipse debebant abiicere coronam et reverti ad sanctum monasterium» (30). L'esempio d'un fatto attuale di cronaca cittadina e la menzione —senza troppa specificazione— di Gomez d'Albornoz, governatore militare di Bologna dal '60 al '64, non potevano non essergli suggeriti dal luogo della lettura del commento; i richiami di cui si è fatto cenno potevano aver significato solo per i Bolognesi che erano addentro dei fatti cittadini.

6) Per ultimo —e si potrebbe anche procedere oltre— facciamo presenti i vocaboli bolognesi-romagnoli che di continuo ricorrono, nella redazione taliciana, ad esemplificare espressioni dantesche, e che nelle redazioni successive saranno eliminate dal commento, quali: *selvavina (Inf.* X, 80), *strope (Inf.* XXXI, 111), *gramola (Inf.* XXXIV, 56), *mazapesolo (Purg.* XI, 27), ecc. (31). Sono segno del luogo specifico in cui avvenne la lettura rambaldiana.

---

(30) *Ibid.,* vol. III, pp. 54-55.
(31) *Ibid.,* rispettivamente vol. I, p. 148; p. 422; p. 456; vol. II, p. 139.

I passi riportati ci confermano che il testo del Talice è la lettura dantesca di Bologna, e precisamente quella dell'anno 1375, cui Benvenuto accenna in una redazione più tarda, essendo questa l'unica volta che egli abbia esposto la *Commedia* in quella città; nè era ivi possibile una seconda lettura, trovandosi egli nel '76-'77 già a Ferrara (32).

Tuttavia, questa lezione del codice taliciano —e siamo così alla nostra seconda asserzione —non può dirsi d'immediata derivazione dalle «cartelle» dell'imolese; alcuni passi lo escludono, rivelando piuttosto la presenza di un ascoltatore che andava riprendendo le lezioni del maestro, più o meno compiutamente secondo che le proprie capacità di … stenografo glielo permettevano. Eccone alcuni esempi:

1) È esplicitamente probante un'inserzione che s'incontra nella chiosa *Par.* VII, 58, dove, alla lezione di Benvenuto —solitamente riprodotta secondo i moduli di un dettato da maestro a discepoli— s' introduce l'intervento dell'ascoltatore scrivente:

«*Questo decreto frate sta sepulto:* et dicit ergo: istum decretum, scilicet de incarnatione Christi, est clausum omnibus qui non habent ingenium suum exercitatum in scientia sancta, scilicet theologia. Imo aliquando de hoc truffatur, sicut philosophus qui solum vacavit philosophiae naturali, qui solum voluit ire cum acie ferri. Hoc modo credit; quia non gustavit de scientia sancta, sicut erat magister Matheus de Imola, attinens magistri Beneventi (*sic*). Sed finaliter, quando cepit gustare de scientia ista sacra, cepit fieri Catholicissimus» (33). Si sa di un Maestro Matteo da Imola, *notarius*, zio paterno

(32) Vedi *infra*, pp. 53-54.
(33) *La Commedia di Dante Alighieri col commento inedito di Stefano Talice da Ricaldone* a cura di Vincenzo Promis e Carlo Negroni, cit., vol. III, p. 95.

di Benvenuto (34) e probabilissimamente suo insegnante (35);
ora, il Rambaldi, accennando alla causa della dannazione di
Aristotele, dà ai suoi alunni la notizia di un suo zio che,
prima materialista —sembra aristotelico-averroista— si con-
vertì poichè profondamente toccato dalla scienza teologica.

2) Un'altra prova chiarissima è l'uso —nel testo taliciano—
di espressioni originate dal carattere dialogante tra maestro
e discepoli; quali, per esempio: «ut supra audivisti», «hoc
sufficit quantum ad presentem lectionem» (invece «capitulum»
negli altri testi), «ut heri dictum est», «ut dixi heri» ecc. (36);
espressioni che non si può supporre come scritte nei propri
appunti, particolarmente per le specificazioni riguardanti il
tempo.

3) Anche la maniera stessa di esporre la materia in uno
stile discorsivo, quasi da conversazione, fa pensare al dialogo
con un pubblico —e perfino un particolare genere di pubblico— piuttosto che ad una stesura individuale del testo.
Si vedano frasi come: «loquendo tibi pure, ita *a la larga,* et
non astringendo me plus», «in uno istanti, in uno sufflo et
batter d'occhio», Nesso «ferat Dantem in cropa»; il rossore
del fiumicello che spiccia dalla selva «facit me tremere carnes»;
«Paduanus de Scrovegni» aveva «porcam scrofam azzurram
et rossam»; scaltramente pratico in «non est ita suus amicus,
sicut credit: quod una die fregabit ei»; gesticolante in «cum

---

(34) Cf. Luigi Rossi-Casè, *Di Maestro Benvenuto da Imola com-*
mentatore dantesco (Pergola: Stab. Tip. fratelli Gasperini editori,
1889), pp. 9 e 14; Luigi Baldisserri, *Benvenuto da Imola* (Imola:
Stabilimento tipografico imolese, 1921), pp. 11-12.

(35) Nel Cod. Ashburn. c. 136v, alla stessa chiosa di *Par.,* VII,
58, Benvenuto chiama Matteo da Imola «meus magister».

(36) Cf. *La Commedia di Dante Alighieri col commento inedito*
di Stefano Talice da Ricaldone, a cura di Vincenzo Promis e Carlo
Negroni, cit., vedi rispettivamente: vol. II, p. 74; vol. I, p. 215; vol.
I, p. 92; Vol. III, p. 153.

4

esset Iero indignatus, dixit: quid diabole dicis tu? credo quod trufaris de me»; perfino mimico in «ille sonus aque est similis illi quem faciunt apes in alveo que faciunt booo...» (37). Di certo divertentissimo.

4) La presenza dello stenografo —studente o ascoltatore che non riusciva sempre a tener dietro al dettato del maestro— è evidenziata massimamente:

in frasi interrotte bruscamente: *(Inf.* XVII, 10) «*La faccia sua:* describit habitum persone, quia fraudulentus ostendit bonam apparentiam et aspectum boni viri, sed etc...» (38). Anche per una nuova parola non percepita: *(Inf.* XXV, 97) «Ibi [in Libia secondo Lucano] sunt varia genera serpentum, et inter alia est unus serpens qui nominatur... et percussit unum alium militem» (39);

in concetti spezzati di continuo da rendersi inintelligibili: (Per non essere stato ascoltato il consiglio dell'Adimari nella battaglia di Montaperti) «Sed non fuit creditum ei ex quo etc. Sed imposita pena pecuniaria... solvit. Sed quarta... pena capitalis, et tunc tacuit» *(Inf.* XVI, 40 ss.) (40);

nella resa concisa del discorso del maestro: (Nella spiegazione allegorica dell'«assettarsi» di Dante sulle «spallacce» di Gerione, in *Inf.* XVII, 91) «Quilibet homo vivit in hoc mundo secundum felicitatem artis sue; et illa non fallit in aliqua arte. Ideo dicebat quidam: qui facit usuram

---

(37) *Ibid.,* cf. rispettivamente: vol III, p. 417; vol. II, p. 63; vol. I, p. 175; vol. I, p. 209; vol. I, p. 249; vol. I, p. 383; vol. III, p. 373; vol. I, p. 229.
(38) *Ibid.,* vol. I, p. 244.
(39) *Ibid.,* vol. I, p. 347.
(40) *Ibid.,* vol. I, p. 234.

vadit ad infernum, qui non facit, fuerit» (41); dove —come sappiamo da altra redazione— il dettato di Benvenuto si conduceva più ampiamente e più chiaramente: «Omnis homo vivit in isto mundo secundum falsitatem artis suae; nam si credo velit bene et legaliter vendere calceamenta sua, dicendo quod corium est debile vel marcidum; et ita drapparius pannum suum, vivet in penuria et morietur fame; idem intellige de omnibus artibus mundi. Ideo bene dicebat quidam ad verificandum istam regulam: qui facit usuram vadit ad infernum, et qui non facit vergit ad inopiam» (Lac., I, 579). Si noti inoltre che l'ascoltatore scrivente ha preso «falsitatem» per «felicitatem» (a meno che non la pensasse effettivamente così!?).

A volte, o per la fretta di scrivere o non potendo seguire interamente il dettato, saltan fuori significati stranamente confusi, se non addirittura ridicoli, come accade di leggere nella chiosa di *Inf.* XII, 133-134; (Attila immerso nel Flegetonte) «In ista alia parte punitur Attila, rex septentrionis, qui devastavit, sicut Vicentiam, Mediolanum, etc. Et finaliter ivit Mutinam; et ibi episcopus ivit contra eum, petens, quis esset. Tunc ipse dixit: Ego sum Attila flagellum Dei» (42). L'ingenua presentazione non può non far pensare a quei tipi regionali-popolareschi, vivi nella letteratura dialettale, caratterizzanti insieme boria, schiettezza naturale e imbecillismo. È chiaro che un semplicismo così grossolano, da rasentare l'idiozia, non poteva uscire dalla mente di Benvenuto. Come infatti risulta da altra redazione, l'imolese, dopo aver introdotto il racconto con l'autorità d'uno storico («sicut scribit Paulus Diaconus in suo libro *De Gestis Longobardorum*») (43), descrive

---

(41) *Ibid.*, vol. I, p. 251.
(42) *Ibid.*, vol. I, p. 181.
(43) Cf. Lac., I, 418; la presente citazione da Paolo Diacono non è nella *Historia Longobardorum* ma nella *Historia Romana*, XIV, 1-13.

estesamente la discesa in Italia del re degli Unni e la sua entrata in Modena; e quivi il presentarsi di Attila al vescovo Geminiano è addotto in maniera da apparire in contrapposizione alla successiva decisa risposta del vescovo, sì da risultarne logica la conclusione dell'episodio narrato: «Nunc ad literam autor describit Athilam a cognomine, quod ipsi sibi imposuit in vita. Nam cum Athila pervenisset Mutinam, Geminianus, episcopus illius urbis, vir sanctus, petivit ab eo quis esset; qui respondit: Sum Athila flagellum Dei. Tunc Geminianus dixit: Sum Geminianus servus Dei; et continuo apertis portis Athila transivit per medium civitatis nemine offenso» (Lac., I, 419-420).

Non può farsi risalire dunque il testo di Stefano Talice fino a Benvenuto; esso è però con tutta certezza il commento che presentò a viva voce a Bologna nell'anno 1375.

Le sue caratteristiche precipue saranno rilevate in seguito, in quanto più individuabili se paragonate alle redazioni successive. Non possiamo però sottacere un fatto, finora non avvertito e che ci sembra estremamente importante nella storia del dantismo. Cioè, con la lettura bolognese del Rambaldi, la *Commedia* di Dante entrava per la prima volta in un programma regolare di studio alla pari di qualsiasi altro autore classico. L'Alighieri diveniva il primo autore in vernacolo innalzato al rango dei grandi autori latini della tradizione classico-letteraria: con Virgilio, Ovidio, Orazio, Seneca, Lucano e tutti gli altri. Jacopo di Dante, Graziolo, il Lana, Guido da Pisa, l'Ottimo, Pietro, perfino lo stesso Boccaccio —che se non sempre all'altezza dei suoi predecessori quanto a preparazione teologico-scolastica, fu di gran lunga superiore a loro in quella culturale-letteraria— sono stati attratti dal poema principalmente per l'ortodossia dottrinale che si rivela sotto l'originale ingegnosità dell'invenzione. Boccaccio, come dicevamo, avrebbe potuto far eccezione, ma sia il pubblico eterogeneo dei suori ascoltatori e sia il luogo stesso dell'esposizione (la chiesa di S. Stefano), non potevano troppo allontanarlo da uno scopo edificante o religioso-istruttivo, non disgiunto al più (naturalmente, per il grande amore che portava alla personalità dell'Alighieri) da quello apologetico per un Dante che ritornava trionfatore in mezzo a quella stessa società che lo aveva indebitamente scacciato.

D'altronde, nessuno di loro era un «autorista», nè alcuno di essi ha prodotto un commento ad uno qualunque dei classici. Anche il primo ammiratore letterato in ordine assoluto di tempo che abbia percepito il valore del capolavoro, lui sì un commentatore di classici, Giovanni del Virgilio, non ci ha lasciato nessun commento al poema. Con Benvenuto la *Commedia* entrava ufficialmente nel rango che propriamente le spettava e che non le sarebbe stato mai più tolto. Un merito questo non indifferente nella storia del commento secolare e del dantismo in generale. Da allora ad oggi la *Commedia* appartiene a tutti, ma è particolarmente patrimonio di letterati.

Seconda redazione.

Quattro anni dopo la lettura bolognese Benvenuto, già a Ferrara, scriveva:

«In MCCCLXXV, dum essem Bononiae, et legerem librum istum, reperi aliquos vermes natos de cineribus sordomorum, inficientes totum illum studium: nec valens diutius ferre foetorem tantum, cuius fumus jam fuscabat astra, non sine gravi periculo meo rem patefeci Petro cardinali Bituricensi, tunc legato Bononiae; qui vir magnae virtutis et scientiae detestans tam abhominabile scelus, mandavit inquiri contra principales, quorum aliqui capti sunt, et multi territi diffugerunt. Et nisi quidam sacerdos proditor, cui erat commissum negotium, obviasset, quia laborabat pari morbo cum illis, multi fuissent traditi flammis ignis; quas si vivi effugerunt, mortui non evadent hic, nisi forte bona poenitudo extinxerit aqua lacrymarum et compunctionis. Ex hoc autem incurri capitale odium et inimicitiam multorum; sed divina justitia me contra istos hostes naturae huc usque benigne protexit» (Lac., I, 523-524).

Il fatto, dunque, avvenne proprio durante le letture dantesche. Fece in tempo a finire le sue lezioni, ma non dovette trattenersi a lungo a Bologna se il censore imolese ci tiene a sottolineare che «non sine gravi periculo meo» e «ex hoc incurri capitale odium et inimicitiam multorum». Non deve esser lontano dal vero il supporre che nel '76 si sia stabilito a Ferrara, dove Niccolò II era, forse già da lungo tempo, suo protettore; un'amicizia creatasi con molta probabilità tramite il Petrarca. Ad ogni modo si ha un documento attestante che la presenza del Rambaldi nella città estense era, nel '77, già stabilita (44).

Lo scabroso episodio —inserito, come si può immaginare, nel canto di Brunetto Latini —è narrato da Benvenuto nell'ultima redazione del commento scritta dopo l'anno 1379. I quattro anni che intercorrono tra la lettura bolognese e quest'ultima redazione, costituiscono un periodo di intensa attività dell'imolese; egli compose, e forse lesse, il commento alla *Pharsalia* di Lucano, quello alle *Egloghe* di Virgilio, compilò, con molta probabilità, una prima stesura dell'*Augustalis Libellus* (45), e non dimenticò le lezioni della *Commedia* tenute a Bologna.

---

(44) Negli estratti dell'Archivio criminale di Bologna in un libro del 1377, tra i debitori delle imposte si trova segnato: «Magister Benvenutus de Imola habitator Ferrariae»; cf. O. Mazzoni Toselli, *Racconti storici estratti dall'archivio criminale di Bologna* (Bologna: 1870), pp. 175-176.

(45) Lo deduciamo dal fatto che in una redazione dell'*Augustalis Libellus* si parla dell'imperatore Carlo IV al presente, e questi è morto nel 1378.

Si è precedentemente accennato che il Rocca aveva individuato nel codice Ashburnhamiano 839 un commento di Benvenuto da Imola alla *Commedia*; e, da un'analisi, lo giudicò un compendio di quello a stampa del Lacaita. Rettificava così l'opinione del De Batines, il quale aveva citato il codice —senza però descriverlo— nella sua *Bibliografia Dantesca* (46), inserendolo tra i manoscritti contenenti il testo attuale dell'edizione del Lacaita.

In realtà, la lezione del codice Ashburnhamiano è sostanzialmente identica a quella del Talice; varia principalmente nei modi d'espressione. Si può verificare da qualche esempio dei due codici in collazione:

Inf. IV, 89-90

TALICE

AS H BURN.

«Et dicit: alius est Oracius, qui fuit a Venosa, civitate Apulie; et fuit de militibus Anthonii; et satirus fuit excellentissimus, quoniam magister fuit Virgilii, et Ovidii; parvus et magnus animo, loquens pauca.
Et describit tertium poetam latinum scilicet Ovidium. Et sciendum quod Ovidius fuit poeta italicus, sicut Oracius; et fuit de civitate Sulmone,

Post Virgilium Oratius fuit melior poeta qui fuerit latinus. Fuit de Venosa, civitate Apulie; fuit brevis corpore, sed magnus animo.
Descripsit satiram que tractat de virtutibus et vitiis. Est materia reprensoria. Et fuit tempore Virgilii tempore Ottaviani.
Tertius erat Ovidius, qui descripsit in stilo basso amoroso. Fuit homo maxime

(46) Colomb De Batines, *Bibliografia Dantesca* (Prato: Tipografia Aldina Editrice, 1846), p. 308 codice elencato sotto il No. V.

TALICE	AS H BURN.
notabilissimus poeta, et lascivus homo. Et non ponit hic Virgilius propter virtutes eius, sed propter ingenium suum. Unde sicut dicit ipse, quod summum bonum est luxuria, ideo laudat ingenium suum subtile. Et ipse fuit tempore Octaviani, et venit in suam indignationem; et positus est in partibus Sithie, et ibi fecit pulcherrima opera (47).	eloquentie sed fuit homo lubrice vite et lascive, et venit ad tantam lasciviam ut diceret: 'Dii fecerunt omnes actu moreremur in illo'. Fuit etiam tempore Ottaviani et cecidit in indignationem suam et fuit confinatus in Tartaria penes Oceanum maius, et ibi fecit omnia opera famosa que fecit». (Cod. Ashburn. 839, c. 14v).

Purg. XIV, 97-98

TALICE	AS H BURN.
Ov'è il buon Lizio: idest dominus Licius de Valbona supra Forlivium. Fuit homo magne virtutis: habebat filium pravum quem nolebat videre, et merito; et quum mortuus esset, dixit quidam: 'domine, nova; filius tuus mortuus est.' Respondit: nova non sunt, quia semper fuit mortuus. *Arrigo Manardi:* Henricus	*Ov'è:* dominus Licio dal Valbona sopra Forlì fuit homo magne virtutis. Iste habebat filium vilissimum, unde nolebat vedere. Semel audivit: 'Filius tuus est mortuus!' Dixit ille: 'Hoc non est michi novum, quia semper fuit mortuus; sed dic michi si est sepultus'. Nec emisit lacrimam.

---

(47) *La Commedia di Dante Alighieri col commento inedito di Stefano Talice da Ricaldone,* a cura di Vincenzo Promis e Carlo Negroni, cit., vol. I, p. 62.

Manardi de Bertinoro, socius Guidi del Duca; qui fecit secari unum lignum et sedile in quo solebant ambo sedere, ad significandum quod non remanserat in tota illa provincia homo ita virtuosus sicut erat...

Guido da Carpigna: quod est territorium in Monte Feltro. Iste fuit summus curialis, et dum semel faceret unam cenam in Forlivio, et deficerent denarii, divisit unam coltram pulcherrimam, et misit ad vendendum; voluit potius eam carere, quam honore. Et vendita est viginti ducatis, et quum famulus suus dixisset sibi: qualiter stabitis vos cum medietate vestrorum pannorum? respondit: peroptime, quia in estate non est opus mihi multis pannis, in hieme sto restrictus, et ita non curabo mihi (48).

Ylle alius fuit sotius Guidonis del Duca; mortuo illo, Guido del Duca fecit secari per medium unum lignum, ubi isti duo ad trebbio semper sedebant, ad notandum quod similis vir in virtute non erat in ista contrata.

Carpena: est territorium prope montem Feltrum, unde fuit iste dominus Guido virtuosus; qui semel Forlivii faciens convivium, dixit sponsor: 'Non est pecunia ad complendum'; unde statim facit scindi cultrum et vendi XL ducatis ut compleret factum. Dixit quidam familiaris quomodo non teget lectum. Ipse respondit: 'Non cures, quia in hyeme sto remissus in estate distensus cum pedibus' (Cod. Ash. c. 90v).

---

(48) *Ibid.,* vol. II, pp. 182-183.

TALICE

ASHBURN.

Iste fuit Karolus Martellus, filius Karoli Zoti; et iste venit Florentiam, quando pater veniebat de carceribus, bene cum trecentis iuvenibus indutis ad unam foziam, et omnibus militibus et filiis Veneris. Dantes, tunc iuvenis amorosus, qui bene loqui in rithimo, singularem amicitiam accepit cum isto; et si supra vixisset, Dantes pervenisset ad magnum statum (49).

Iste fuit dominus Carlus Martellus, filius Carli Ciotti patris Roberti; et fuit primogenitus et mortus ante patrem est, et remansit proles, sed Robertus sagax exclusit et habuit regnum ipse. Iste iuvenculus venit Florentiam cum bene centum quinquaginta iuvenculis, vere filiis Veneris, indutis una veste et omnibus militibus; ibi redibat de carceribus quando fuit captus a mesere Regier de Lori. Florentia semper fuit domus huius amica. Ideo tunc Dantes etiam tunc iuvenis et amorosus cepit amicitiam cum isto, et si vixisset, fuisset maximus apud eum (Cod. Ashburn. c. 135v).

E chiarissima nei due testi —al di là d'una superficiale differenziazione formale— la continua identità sostanziale della chiosa: identità di concetti, di scelte esemplificative, di particolari d'osservazione, di caratteristiche espressive e lessicali. Ciò indusse il Rocca a pensare che il Talice, nel 1474, avesse

---

(49) *Ibid.*, vol. III, p. 107.

ricopiato l'Ashburn., «poche cose mutate» (50). Michele Barbi invece, in base a quanto affermato dal Novati che l'Ashburn. fosse la «recollecta» di uno scolaro presente alle lezioni bolognesi del Rambaldi nel 1375, si dichiarò della stessa opinione —ma come «recollecta» presa da un'altro scolaro —per il testo che il Talice avrebbe poi ricopiato nel 1474 (51).

Tuttavia il Barbi non dovette essere pienamente convinto dell'asserzione espressa dal Novati a proposito del Cod. Ashburn., se nel 1932 ne fece ristudiare tutto il manoscritto dal suo collaboratore Dott. Aldo Aruch (52). Costui impressionato in modo esagerato dalle differenze superficiali del testo taliciano ed avendo inoltre trovato al canto XVIII dell'*Inferno* la frase «dum essem Bononiae audivi unum scolarem meum...» (Cod. Ashburn. c. 44v), giudicò l'Ashburn. non una delle «recollectae» delle lezioni bolognesi derivanti dallo stesso maestro, ma il testo d'una seconda lettura della *Commedia* tenuta dal Rambaldi a Ferrara.

Senza dubbio alcuno, l'Aruch era riuscito ad accertare che il testo del Cod. Ashburn. 839 era posteriore alle lezioni bolognesi, ma la sua tesi che lo stesso testo fosse una lettura tenuta dal Rambaldi a Ferrara non era suffragata da prove sufficienti. Il Barbi difatti la negava, ma nemmeno i suoi argomenti erano probanti; egli si basava sul fatto che l'imolese, in scritti posteriori, parlasse sempre di una lettura bolognese e mai ne menzionasse una tenuta a Ferrara; e ciò è un argomento esterno al codice e non esclusivo. Nè, a sua volta, il Barbi presenta alcun argomento desunto dal codice stesso, che d'altronde egli non conosceva direttamente.

Rimangono così i dubbi di «quando» e «dove» il testo

---

(50) Vedi *supra*, nota 19.
(51) Vedi *supra*, nota 21.
(52) Michele Barbi, «La lettura di Benvenuto da Imola e i suoi rapporti con altri commenti», in *Studi Danteschi*, vol. XVI (1932), pp. 140-141.

del cod. Ashburn. 839 sia stato prodotto: potrebbe essere una lettura ferrarese, come anche una tarda redazione in forma di *compendio* del testo edito dal Lacaita.

Non può sfuggire al lettore l'importanza del codice Ashburn. per determinare le varie redazioni del commento rambaldiano. Da esse si può seguire —nei loro mutamenti chiosastici— l'evolversi dell'interpretazione di Benvenuto, i suoi ripensamenti, le scelte preferenziali di tematiche, soggetti e interessi fino alla loro fase risolutiva. E ciò è singolarmente importante nella storia dell'esegesi dantesca e in quella della cultura della società letteraria, in un periodo particolare di transizioni. Pertanto si è ristudiato il problema ed il codice stesso pervenendo alla seguente conclusione: il codice Ashburn. è una seconda redazione del commento dantesco redatto da Benvenuto a Ferrara non molto tempo dopo la lettura bolognese con lo scopo che venisse presentato al pubblico ed effettivamente il lavoro fu divulgato. Ne riportiamo le prove:

1) Che il codice Ashburn. contenga una «recollecta» concomitante con quella del Talice e desunta dalla spiegazione bolognese si può vedere anche dalle tre citazioni or ora riportate. Tra di esse il lettore nota immediatamente la sostanziale identità dei due discorsi, taliciano e ashburnhamiano; tuttavia se ci si inoltra in qualche particolare, questo tradisce un dettato che non poteva derivare allo stesso tempo dalla modesima fonte. Si osservi, per esempio, nel primo passo citato (*Inf.* IV, 89-90): Ovidio, nel Talice, fu confinato «in partibus Scithie», nell'Ashburn. «in Tartaria»; in *Purg.* XIV, 97-98, Guido di Carpegna, secondo il Talice, vendette la coltre per «venti ducati», secondo l'Ashburn. invece per «quaranta ducati»; in *Par.* VIII, 46 ss., per il Talice, Carlo Martello si presentò a Firenze con 300 giovani, per l'Ashburn. con 150. Evidentemente vi sono tra i due testi defferenze molto più vistose; per limitare il discorso ci siamo serviti di testi già

riprodotti, che anch'essi sono bastevoli a provare quanto asserito.

2) Che il codice Ashburn. contenga lezioni derivanti proprio da Benvenuto si ha alla menzione di Matteo da Imola nella chiosa *Par.* VII, 58. Nel testo del Talice si legge «magister Matheus da Imola, attinens magistri Beneventi» (53); nel l'Ashburn. (c. 133v) invece Benvenuto scrive «meus magister Matheus da Imola».

3) Che questa seconda redazione abbia seguito quasi immediatamente quella di Bologna si ricava:

a) da risultanze interne: nel testo Taliciano (a Bologna), su una domanda postagli nei riguardi della *Commedia,* Benvenuto riporta: «Quidam semel quesivit» (54); invece nel testo Ashburn. (c. 17a) —nello stesso passo— sostituisce: «Non est magnum tempus quod homo petivit me»; è chiaro che lo spazio di tempo intercorso non deve essere stato di anni. Ma il periodo di composizione del testo Ashburn. risulta ancora più determinato nella menzione di Arrigo VII al canto XXX del *Par.* A questo nome il commentatore aggiunge: «avus huius imperatoris» (Cod. Ashburn. c. 177r), e l'imperatore, nipote di Arrigo VII, non era altri che Carlo IV di Lussemburgo, il quale morì nel 1378; dunque il testo del codice Ashburn. non può andare oltre questa data.

b) dalla data 1381 riportata nel codice Ashburn.: il testo infatti è dell'intero commento alla *Commedia,* conseguentemente eseguito prima di tale data perchè venisse ricopiato dall'amanuense. Si sa di un'ulteriore redazione benve-

---

(53) Cf. *La Commedia di Dante Alighieri col commento inedito di Stefano Talice da Ricaldone,* a cura di Vincenzo Promis e Carlo Negroni, cit., vol. III, p. 95.
(54) *Ibid.,* vol. II, p. 179.

nutiana, iniziata nel '79 e non ancora finita alla morte del compilatore nel 1387-88. Dunque il commento dell'Ashburn. non può essere stato redatto se non tra il '76 e il '79. Tale spazio di tempo, tuttavia, deve essere abbreviato per le regioni riportate nell'argomento immediatamente precedente.

4) Che il testo Ashburn. sia stato composto a Ferrara si ha da un accenno esplicito al canto XXIII del *Par.* Chiosando i primi versi («Come l'augello intra l'amate fronde ecc.») il commentatore riporta il commovente sacrificio di una cicogna per salvare dalle fiamme i propri nati. Nel testo del Talice (a Bologna) l'episodio è introdotto: «Accidit *in comitatu Ferrarie,* quod quedam ciconia...» ecc. (55). Nel codice Ashburn. (c. 163r) invece si legge: «Audivi iamdiu quod *in comitatu huius terre* contingit quod una ciconia...» ecc.

5) Che il testo sia stato redatto per essere pubblicato risulta:

a) dal modo d'indirizzare il proprio discorso: in Talice quando Benvenuto dialoga usa il pronome allocutivo al plurale (eccetto evidentemente in particolari espressioni retoriche) poichè ha di fronte più di un ascoltatore; in Ashburn. il discorso invece è al singolare poichè si rivolge al lettore (come sarà ugualmente nell'ultima redazione).

b) da alcune citazioni lasciate in sospeso, su cui l'autore sarebbe in seguito ritornato per una stesura definitiva; come, per esempio, nel caso: Cod. Ashburn. c. 80v *(Purg.* VI, 18) «Dicit filius Dantis quod iste frater minor etc. Sed nota quod iste fuit pisanus, qui erat unus de illis fratibus domus..., cuius comes Ugolinus fecerat amputari caput filio». Il «frater minor qui» è l'inizio d'una citazione da Pietro di Dante, il

---

(55) *Ibid.,* vol. III, p. 287.

quale nel suo commento dice precisamente: «Frater minor qui dum semel occisus esset quidam eius filius nomine Farinata per dominum Beccium de Caprona» (56); è chiaro che Benvenuto dopo aver iniziato la citazione, vi mette un *etc.* con l'intenzione di ritornarvi e completarla (come d'altronde succederà per le citazioni dell'ultima parte del grande commento).

c) da cambiamenti necessitati dal differente genere di lavoro: la formula «lectura quam facio» del Talice (57) diventa «lectura quam nunc do» (Cod. Ashburn. c. 18v); il «ut heri dictum est» (58) è mutato in «de quo dictum est superius» (Cod. Ashburn. c. 9v); come anche i vocaboli di derivazione bolognese sono eliminati.

6) Che il testo del Cod. Ashburn. sia stato effettivamente divulgato, quando ancora il commento definitivo era, per così dire, in officina, lo deduciamo da un passo di Filippo Villani nel «*Liber de civitatis Florentiae famosis civibus*», scritto intorno all'anno 1381 (59). Il Villani volendo difendere la propria asserzione che la moglie di Cacciaguida fosse originaria di Parma, così si esprime nella biografia di Dante:

«Hanc ingenuam veritatem [l'origine parmense della moglie di Cacciaguida] *modernus quidam,* ut Estensi alluderet Marchioni, conatus est obumbrare, *poetico adfirmans commento,* de Frangipanibus quemdam, nescio quem, ab antiquo firmasse

---

(56) *Petri Allegherii super Dantis ipsius genitoris Comoediam Commentarium,* a cura di Vincentio Nannucci (Florentiae: apud Angelum Garinei, 1845), p. 327.

(57) *La Commedia di Dante Alighieri col commento inedito di Stefano Talice da Ricaldone,* a cura di Vincenzo Promis e Carlo Negroni, cit., vol. II, p. 194.

(58) *Ibid.,* vol. II, p. 92.

(59) Cf. *Epistolario di Coluccio Salutati,* a cura di Francesco Novati (Roma: Forzani e Co. Tipografi del Senato, 1893), vol. II, p. 47, n. 1.

coloniam, indeque per posteros migrasse Florentiam, ex eo fortasse loco argumentum mutuatus, quod in Martis sidere poetae dixerit Cacciaguida: 'mea uxor ad me venit de valle Padi', quasi sola Ferraria in valle Padi sita sit, et non Parma» (60).

Ora tutti insieme gli accenni menzionati dal Villani non si ritrovano nel commento Taliciano, nè nell'edizione del Lacaita, ma solo nel testo del codice Ashburnhamiano, in cui si lege precisamente:

«Aldigherii: istud est nomen cognationis, unde nota quod fuit nobilissime (*sic*) domus in Florentia, et istud nomen extractum et derivatum fuit de Aldighieris de feraria, sicut tangit ipse met dicendo: 'la donna mia venne a mi de valle di Pado'. Si tu diceres plus sunt civitates super Pado, imo fateor non tantum aliqua est ita in vallibus et ita amplexa ab ipsis ramis sicut feraria etc. et ista prosapias per antiquum descendit de Eliseis de Florentia, sicut etiam ipse dicit 'Moronte fo mi padre e eliseo', a quo viro dicta est postea domus eliseorum. Elisei isti descenderunt de fragipanis. Nam isti fuerunt de primis qui venerunt romam a Troia cum enea. Unde dicuntur quasi frigii penates idest qui venerunt de frigia cum penatibus. Ita quod percurendo habes quod Dantes venit de prosapia Enee vel de aliquo suorum comitum» (Cod. Ashburn. c. 3v).

Le allusione del Villani al testo dell'Ashburn. e al suo autore ci sembrano più che evidenti. D'altronde l'ironico attacco dello storico fiorentino, con la sua chiara allusione ad adulazioni cortigianesche, non avrebbe nessum significato se

---

(60) *Philippi Villani Liber de civitatis Florentiae famosis civibus*, cura et studio Gustavi Camilli Galletti (Florentiae: Joannes Mazzoni excuderat, 1847), pp. 8-9.

il commento fosse stato composto e pubblicato fuori di Ferrara. Ed a Ferrara non c'era allora, di commentatori alla *Commedia,* che Benvenuto. Evidentemente il Villani deve aver evitato di farne il nome essendo il commentatore tuttora vivente e di certo ben noto, non nascondendo un certo distacco per quel che credeva essere lo scopo della tesi dell'imolese. Qualora dovesse rimanere qualque dubbio, si ha un'esplicita dichiarazione di un discepolo del Villani che conferma il nome e nello stesso tempo specifica l'anonimia del testo citato. Nel *Fons Memorabilium Universi* di Domenico Bandini (c. 1335-1418) —che è in favore della tesi del Villani per l'origine parmense della moglie di Cacciaguida— troviamo detto espressamente:

«... quamquam Benvenutus de Imola, ut Nicolao Estensi Marchioni alluderet, dicat quod dominus Cacciaguida uxorem accepit de Aldegheriis nobilibus in Ferraria trahens argumentum a cantu Paradisi, ubi dictus Dominus Cacciaguida loquens Danti dixit: Moronto fummi frate, et Eliseo / Donna mi venne a me di val di Pado / E quindi il sopranome tuo si feo etc. /. Adscribitque hoc Benvenutus Ferrariae, quamquam ipsa sola, et non prima posita sit in valle Padi. Sed has omnes adulationes Parmensis Familiae cognomen notissimum durante usque ad odiernum diem prosapia tollit, et vacuat, nec sola Ferraria est in valle Padi, quum secus Parmam Padus defluat» (61).

Torneremo più tardi sulle caratteristiche essenziali di questo commento, quando esamineremo in particolare le varie reda-

---

(61) Cf. Lorenzo Mehus, *Ambrosii Traversarii Generalis Camaldulensium aliorumque ad ipsum, et alios de eodem Ambrosio Latinae Epistolae... Adcedit eiusdem Ambrosii Vita in qua Historia litteraria Florentina ab anno MCXCII usque ad annum MCDXXXIX ex monumentis potissimum nondum editis deducta est...* (Florentiae: ex Typographio Caesareo, 1759), pp. CLXVIII-CLXIX.

5

zioni nei loro rapporti reciproci. Ci sembra qui importante, anzi necessario, sottolineare il fatto di una avvenuta pubblicazione, negli anni 1376-1379, del commento ashburnhamiano. Conseguenze non trascurabili potevano derivare al suo autore ed ai dantisti contemporanei, da tenersi presenti in sede critica per un giudizio di valori e di priorità chiosastiche. Benvenuto aveva la possibilità di constatare critiche e giudizi d'altri sul suo lavoro per poi vagliarli tramite successivi ripensamenti di cui poteva servisi nella stesura definitiva. I dantisti contemporanei avevano un commento in più da consultare per ottenerne informazioni ed indirizzi esplicativi. È tuttora ritenuto dalla critica dantesca contemporanea che i commenti di Benvenuto e del Buti siano stati redatti contemporaneamente, e perciò dovrebbero essere più o meno indipendenti da influssi reciproci. Ora con l'avvenuta pubblicazione del testo Ashburn. tra gli anni 1376-1379, vi è invece la possibilità che il Buti —il quale leggeva il suo commento a Pisa nell'85— abbia potuto consultare la redazione Ashburnhamiana dell'imolese. C'è materia dunque di rimettere in discussione giudizi critici, creduti validi, sia su originalità chiosastiche dei singoli autori, sia su derivazioni da influssi culturali e ambientali.

Terza redazione.

Si hanno così due redazioni del commento di Benvenuto da Imola alla *Commedia:* un primo commento letto a Bologna nel 1375; ed un secondo, trascritto a Ferrara e divulgato tra il 1376 ed il 1379. Ma oggi quando si menziona un commento di Benvenuto non si intende nessuno di quelli di cui si è qui discusso; ci si riferisce invece al *Comentum super Dantis Aldigherij Comoediam,* edito da Giacomo Filippo Lacaita nel 1887 e contenente una redazione molto più ampia delle due di cui si è parlato.

Orbene, anche in questo testo Benvenuto ci dà delle date specifiche relative al proprio lavoro. Avendo in un punto accennato alle magnificenze architettoniche di Castel S. Angelo, la mole Adriana di Roma, così continua: «Sed proh dolor! Istud sumptuosum opus destructum et prostratum est de anno praesenti 1379 per populum romanum, quia fuit aliquandiu detentum per fautores Roberti cardinalis Gebennensis, qui facto schismate pessimo, factus est antipapa contra Urbanum VI» (Lac., II, 8). Il passo si trova nel commento al canto XVIII dell'*Inferno,* ed effettivamente il noto monumento romano, nel 1379, subì una delle più funeste distruzioni di tutta la sua storia. Dal riferimento si inferisce che l'imolese, dopo la spiegazione di Bologna e dopo la pubblicazione di Ferrara, stava in questa data riscrivendo per intero un commento alla *Commedia,* e che era giunto precisamente al canto XVIII dell'*Inferno.* Un'altra indicazione nel commento stesso ci porta ancora più avanti negli anni: nel canto VIII del *Paradiso* (Lac., IV, 489) il chiosatore menziona Ludovico il grande, re d'Ungheria «qui diebus nostris tenuit multa regna» (era stato re d'Ungheria dal 1342-1382, e re di Polonia dal 1370-1382). Il verbo al passato, «tenuit», ci dice chiaramente che quando Benvenuto scriveva, il sovrano ungherese era passato a miglior vita da tempo.

Dunque, dopo il 1382 Benvenuto ancora veniva scrivendo il commento al *Paradiso* ed era precisamente al canto VIII. Continuerà a dedicarvisi fino alla morte, ma senza vedere il suo ampio commento pubblicato. Il lavoro infatti può dirsi, in un certo senso, non finito. La parte sostanziale delle chiose è tutta trascritta e le parole del poema passano, una per una, al vaglio del commentatore; ma, dagli ultimi canti del *Purgatorio,* le dichiarazioni si fanno più concise e la glossa è, qualche volta, spezzata da un *etc.* Ciò divine più frequente man mano che si procede verso la fine del poema. Le spezzature avvengono molto più spesso dopo gli enunziati di citazioni; ma a volte anche all'inizio di spiegazioni allegoriche o di concetti particolari comportanti raffronti o più ponderata riflessione. Sembra che Benvenuto, con il sopraggiungere dell'età avanzata, ad un certo momento avesse il sentore che gli anni gli correvano, sotto la penna, più veloci delle parole. Egli stese prima di tutto l'intera sostanza del commento, tralasciando di trascrivere citazioni di cui non aveva a portata di mano l'opera originale, o anche punti per i quali pensava ad un'ulteriore chiarificazione; con l'intenzione però di ritornarvi e completare, il che non ha potuto fare, perchè colto dalla morte prima della fine del lavoro.

Questo procedimento è provato dal fatto che nel commento all'*Inferno* —completo in ogni sua parte— si incontrano incompiute due sole citazioni, per le quali si può pensare ad una distrazione del commentatore nel lavoro di rifinitura; mentre dagli ultimi canti del *Purgatorio* fino alla fine le citazioni lasciate in sospeso si fanno man mano più numerose.

Malgrado ciò, dobbiamo dire che l'integrità del commento benvenutiano, nella sua linea essenziale, non è minimamente intaccata. Le citazioni possono essere integrate senza molta difficoltà (e può farlo un buon curatore dell'opera); e qualche spiegazione, allegorica o d'altro genere, rimasta incompiuta, non tocca la parte sostanziale degli apporti dell'autore all'interpretazione dantesca.

Quello di Benvenuto è senz'altro uno dei più voluminosi commenti danteschi del trecento. Esso consta —nell'edizione a stampa del Lacaita— di cinque grossi volumi (si noti che non vi è riprodotto il testo del poema) per un complesso di 2734 pagine, di cui 1138 per l'*Inferno;* 834 per il *Purgatorio;* e 739 per il *Paradiso;* in più 19 pagine sono di introduzione generale a tutto il commento.

È questa —il *Comentum super Dantis Aldigherij Comoediam*— l'ultima e definitiva redazione dell'esegesi dantesca di Benvenuto da Imola; un'opera che ha impegnato quasi interamente la sua esistenza. Il commento probabilmente pensato e meditato nei suoi primi anni di lavoro nella città universitaria di Bologna (1361-1365); scritto nei primi anni del '70 e letto nel '75; fu rielaborato e divulgato da Benvenuto all'inizio della sua residenza nella città estense tra il '76 e il '79. Finalmente nel '79 iniziava l'ultima stesura, tenendo sempre come base quelle precedenti, ma inserendo ulteriori acquisti ed esperienze.

Un esame comparativo delle tre redazioni, dato il lungo arco di tempo —comprendente all'incirca un quarto di secolo— in cui si son venute maturando, è di particolare interesse. Si potranno rilevare in diacronia, influssi di ambiente, scuole e maestri sulla cultura dell'imolese come anche sulla sua visione prospettica del poema dantesco; nonchè circoscrivere la natura del pubblico, di volta in volta diverso, cui il commento veniva rivolto. Ne risulterà anche un documento di costume di una civiltà letteraria particolarmente significativo per il momento storico e la zona geografica in cui il Rambaldi operava.

COMPARAZIONE DELLE TRE REDAZIONI

È da notare innanzi tutto che le tre redazioni non mutano quanto alle linee interpretative essenziali; la sostanza esegetica della *Commedia* rimane la stessa nei personaggi chiave del poema (Dante, Beatrice, Virgilio, ecc.) come anche nella struttura portante. I mutamenti avvengono nella rielaborazione del metodo di presentazione, nel cambiamento di pubblico cui il commento s'indirizzava, nella sostituzione di esempi o nel rifiuto di chiose in seguito a ricerche successive e più accurate. Si osserva il processo in atto della nuova sensibilità umanistica; le cause dei mutamenti, ad ogni modo, sono varie e si verranno esponendo nei casi particolari.

1) La prima trasformazione che balza agli occhi evidente ad una collazione dei tre commenti è il cambio progressivo nel metodo retorico esplicativo del testo del poema.

Nella prima redazione (Talice) Benvenuto non si differenziava da quei commentatori che l'avevano preceduto nel chiosare l'intero poema, il Lana, l'Ottimo e Pietro di Dante. Egli divide in più parti (quattro, cinque o sei) il canto; ciascuna di esse viene chiosata a gruppi di terzine (quattro, tre, due o anche una soltanto) a seconda della compiutezza di un definito costrutto di pensiero, del quale, secondo il caso viene offerta una spiegazione storica o allegorica; Benvenuto si ferma al significato de alcune parole più espressive. Il metodo era d'uso comune, e non soltanto presso gli *autoristi;* apparteneva alla tradizione retorica dell'esplicazione dei testi poetici; è quello stesso metodo che troviamo applicato in Dante nella *Vita Nuova* e nel *Convivio* per l'esplicazione dei suoi sonetti e canzoni.

Nella seconda redazione (Ashburn.) già la chiosa su singoli vocaboli si fa più spessa, e c'è, inoltre, un ripensamento circa la precedente divisione del canto. Così in *Inf.* canto V, in Talice si trova:

«Nunc tractat de secundo circulo in quo puniuntur illi qui peccaverunt in luxuria. Et dividitur *in quattuor partes.* In prima describit introitum, et iudicem dispositum ad contempnationem. In secuda describit penam luxuriorum. In tertia denominat aliquos spiritus involutos in hoc vicio carnali. In quarta describit duos spiritus modernos, etiam involutos in hoc vicio» (62).

---

(62) *La Commedia di Dante Alighieri col commento inedito di Stefano Talice da Ricaldone,* a cura di Vincenzo Promis e Carlo Negroni, cit., vol. I, p. 73.

In Ashburn. invece Benvenuto scrive:

«Modo tractat de secundo circulo in quo puniuntur luxuriosi, et presens capitulum *in quinque partes* dividi potest; in prima quarum scribit introitum et judicem ibi deputatum ad contempnandum animas. In secundam ponit penam generalem horum; in tertia parte facit expressam mentionem de quibusdam spiritibus qui polluti multum fuerunt in hoc vitio; in quarta facit mentionem de duobus spiritibus modernis qui propter luxuriam venerunt ad malum finem; in quinta petit unum horum spirituum modernorum de aliqua dubitatione» (Cod. Ashburn. c. 17r).

Si noti il ripensamento della chiosa nella spaccatura dell'episodio del canto (quarta e quinta parte; in Talice invece, soltanto quarta parte), stabilendo un distacco sufficiente tra la tragedia e la causa motiva, da costituirsi, quest'ultima, conclusivamente in funzione di efficenza etico-parenetica.

Nella terza redazione (ediz. del Lacaita) il Rambaldi dà addirittura una nuova virata alla tecnica esplicativa. Mantenendo la divisione del canto in parti, egli segue, verso per verso e parola per parola, la spiegazione del testo, applicando per la prima volta al volgare della *Commedia,* la tecnica usata dai chiosatori per i classici latini, risalente già al IV secolo con Servio nel commento a Virgilio, seguita anche da S. Agostino nella esplicazione dei salmi davidici. È vero che il metodo si potrebbe ritrovare nel commento dantesco del Boccaccio; ma la vicinanza è solo apparente: il Certaldese nelle sue letture dantesche dichiara in *italiano* il senso *letterale* del testo, e naturalmente segue la ripetizione «verbatim» di ogni singolo verso, che non è da identificarsi con la chiosa propriamente detta dei grammatici; egli difatti usa una sezione separata per l'esplicazione del senso allegorico. Benvenuto perciò è effettivamente il primo ad applicare scientemente il metodo degli *autoristi* per l'esegesi di opere letterarie latine. Dante è visto, così, esclusivamente come un vero classico, anche se scritto in volgare. Posizione che —dato il momento particolare della società letteraria favorevole alla pregiudiziale della superiorità del latino— era da considerarsi davvero di avanguardia.

2) Diversità di stile e di lingua distinguono i tre commenti. Una causa di ciò potrebbe essere il variare del pubblico di destinazione per ogni redazione. A Bologna Benvenuto si indirizzava ad un pubblico eterogeneo per la maggior parte composto da studenti che, tra l'altro —quelli di Bologna— godevano la singolare notorietà di essere dei perfetti scioperati (63). In più, Benvenuto teneva lezione non allo studio ma privatamente, e la scelta non doveva corrispondere al fior fiore della gioventù petroniana (64); inoltre tra gli ascoltatori poteva trovarsi gente attratta da interesse di tipo vario, nonchè da curiosità, sprovvista di un necessario tirocinio culturale. Il latino di Benvenuto era quello usato nell'insegnamento: semplice, discorsivo; ma in lui si carica di inflessioni dialettali, di idiomatismi che diremmo di derivazione «casareccia» e qualque volta addirittura d'osteria. Così nel Talice, che è scaturito precisamente da queste lezioni, si riscontrano molte parole bolognesi o romagnole, a volte addirittura da trivio. Ecco come spiega i versi 121-123 Inf. XXIX, a proposito della «gente senese» che è peggiore della «francesca»:

---

(63) Cf. Luigi Baldisserri, *Benvenuto da Imola* (Imola: Stabilimento tipografico imolese, 1921), pp. 14-15 e p. 73; Giovanni Livi, *Dante e Bologna, nuovi studi e documenti* (Bologna: Nicola Zanichelli, 1921), pp. 56-57.

(64) Benvenuto stesso ci riporta una testimonianza di quanto dovevano essere disciplinati i suoi alunni; commentando il verso 114 *Inf.*, VII, «*troncandosi coi denti a brano a brano*, membratim, quia saepe irati, deficientibus armis, se ferarum more dilacerant, tantum potest ira quae est appetitus vindictae», aggiunge: «Et ego vidi de facto in duobus scolaris meis, qui non contenti cecidisse, se pugnis et unguibus lacerasse, momorderunt se cum dentibus» (Lac., I, 269).

«... et dicit quod gens gallica non est ita vana, quamvis sit magis vana quam gens que sit in toto mundo; cohoperit vultum et ostendit culum; vultum quem natura tamquam speculum; culum quem natura occultavit» (65).

Ma nella redazione ferrarese che doveva esser divulgata, e Benvenuto si trova inoltre in un ambiente di corte, la brutalità del testo viene così mitigata:

«Respondet sibimet quod quamvis gens francisca sit ita vana tamen etc. Ista gens semper omni tempore fuit vana. Etiam hodie omnes vestes veniunt ab ipsis. Etiam dicit Julius Celsus (66) quod tempore suo ferebant sonalia ad barbas. Ydeo dicunt italici quod francigene visunt morigerati magis omnibus et melius locuntur. Est tuperabilius loquium quam sit! Si tu vis loqui francigene loquere sicut puer triennis qui dicit: 'Io ti darò del batone nela teta, si tu non mi lassi tare'. Est lingua corupta de italica» (Cod. Ashburn. c. 66v).

Alcuni anni più tardi, nell'ultima redazione, troveremo la chiosa mutata con un esempio dotto:

«... galli sunt genus vanissimum omnium ab antiquo, sicut patet saepe apud Julium Celsum, et hodie patet de facto; videmus enim quod omni die adinveniunt novos habitus, et

---

(65) *La Commedia di Dante Alighieri col commento inedito di Stefano Talice da Ricaldone*, a cura di Vinvenzo Promis e Carlo Negroni, cit., vol. I, p. 399.

(66) Giulio Celso, un grammatico vissuto nel settimo secolo a Costantinopoli, ha illustrato i *Commentari* di Cesare. Nel Medioevo è stato ritenuto autore dei *Commentari*, composti su materiale passatogli da Cesare. Benvenuto, come già Vincenzo di Beauvais (nello *speculum Historiale*), Petrarca (nel *De Viris Illustribus*) e il Boccaccio (nel *De Genealogia*), cita i *Commentari* di Cesare sotto il nome di Giulio Celso.

novam formam vestium etc... unde multum miror, et indignior animo, quando video italicos et praecipue nobiles, qui conantur imitari vestigia eorum, et discunt linguam gallicam, asserentes quod nulla est pulcrior lingua gallica: quod nescio videre; nam lingua gallica est bastarda linguae latinae, sicut experientia docet. Nam cum non possint bene proferre *cavaliero,* corrupto vocabulo, dicunt *chevalier.* Similiter cum nesciant dicere *signor* dicunt *sir,* et ita de caeteris. Huius rei testimonium habemus, quod adhuc quando volunt dicere: *loquere vulgariter,* dicunt: *loquere romancie;* et eorum vulgaria appellant *romancia.* Non ergo deberent italici sponte subiicere suam nobilitatem ignobilioribus» (Lac., II, 409-410).

3) Probabilmente per la stessa ragione (intendiamo i diversi tipi di pubblico) abbondano, nella prima redazione, aneddoti popolareschi e leggendari su personaggi storici:

«Arena sterilis significat quod violenti non faciunt fructum nec utilitatem in mundo; imo sunt inimici nature. Ideo quidam romanus ad Neronem, dum staret in aula et teneret unum puerum in via, [dixit]: o quam bene ageretur in rebus humanis, si dominus tuus pater habuisset talem uxorem quasi diceret: numquam natus fuisses, et per consequens etc.» (67) *(Inf.* XIV, 13).

O anche in *Inf.* I, 52; per provare che la poesía può portare alla miseria, e la miseria all'irrisione:

«Unde tempore Octaviani unus poeta grecus audivit dicere, quod Octavianus delectabatur in poesi: secessit de Grecia, et venit Romam, et ivit ad palacium eius spectans Octavianum; et Octaviano venienti dedit unam cartam scriptam. Octavianus

---

(67) *La Commedia di Dante Alighieri col commento inedito di Stefano Talice da Ricaldone,* a cura di Vicenzo Promis e Carlo Negroni, cit., vol. I, p. 203.

scriptum respexit ubi erant carmina pulcherrima, et voluit scire quis fecerat; et fecit responsionem in carminibus. Et viso isto greco, dedit ei; et grecus, videns hoc, non bene contentus est Octaviano. Et querendi Octaviano, quare hoc fecisset, respondit grecus, quod volebat ipsum remunerare. Octavianus tunc non cogitavit, sed per tempus ipsum remuneravit» (68).

Evidentemente ciò serviva ad infiorare la chiosa per animarla e renderla più interessante a quel pubblico particolare cui s'indirizzava; ma questo genera anche, nel commento, delle continue degressioni che allontanano il discorso dal soggetto specifico della chiosa; come mostra chiaramente l'ultimo esempio riportato. Mentre nella redazione più tarda —redatta per essere pubblicata— tali curiosità vengono eliminate e la chiosa si concentrerà più analiticamente sul significato del dettato dantesco. Così, al posto del primo esempio, si troverà la spiegazione dell'appropriatezza del particolare paesaggio infernale in corrispondenza con il peccato ivi punito:

«Nam ista arena est sterilissima nullum pariens fructum, et talis est violentia contra Deum, naturam vel artem; nam blasphemus qui maledicit vel negat Deum, vere seminat in arena sine fructu. Sodomita qui aget contra naturam similiter facit opus sterile; foenerator etiam qui agit contra artem, si bene consideres, non facit fructum nisi miseriae; ideo bene punitur sine herba, planta, vel arbore, quia est omnino infructuosa» (Lac., I, 468).

Ed invece del secondo esempio, Benvenuto inserisce una citazione dotta:

---

(68) *Ibid.*, vol. I, pp. 14-15.

«Unde Juvenalis:

Nil habet infelix paupertas durius in se,
quam quod ridiculos homines facit» (Lac., I, 41) (69).

Ma avviene anche che alle curiosità leggendarie ed ai racconti popolari della prima redazione, vengano sostituiti, nella redazione più tarda, episodi presi da autori ritenuti indiscussi —almeno nella mente di Benvenuto— per la loro veridicità storica. Tra questi si troveranno Livio, Sallustio, Svetonio, nonché Giustino, Orosio, S. Agostino; ma anche Petrarca e Boccaccio. All'autorità di quest'ultimo Benvenuto si abbandona completamente e ciecamente, tanto da accettarne indiscriminatamente qualunque racconto. Basti notare che nell'ultima redazione del suo commento egli aggiunge alla biografia esplicativa dei personaggi della *Commedia* che si ritrovano anche nel *Decameron,* le notizie offerte dal Boccaccio. Nella prima redazione mancano del tutto. È caratteristico il caso del Saladino. Nella prima redazione il Rambaldi spiega la magnanimità di costui e la sua assegnazione nel Limbo con la leggenda medioevale che «ipso veniente ad mortem, recommendavit se Deo meliori» (70). Nell'ultima invece viene narrato tutto il suo viaggio nelle nazioni d'Europa, come si legge nel *Decameron;* e la sua magnanimità è presentata come liberalità nel rilasciare i prigionieri nemici (Lac., I, 167-168) (71).

4)   Il raffronto dei tre commenti nel loro progressivo svolgersi mostra un continuo e più intenso studio, da parte di

---

(69) Decio Giulio Giovenale, *Satirae,* II, 152-153.
(70) *La Commedia di Dante Alighieri col commento inedito di Stefano Talice da Ricaldone,* a cura di Vincenzo Promis e Carlo Negroni, cit., vol. I, p. 69.
(71) Cf. G. Boccaccio, *Decameron,* X, 9.

Benvenuto, alla ricerca della informazione più sicura, della dottrina più esatta e di un giudizio di valori più ponderato. Già innanzi la sua prima lettura a Bologna, egli si era seriamente ed intensamente preparato, come si ricava dal commento stesso, con la consultazione delle fonti biografiche, con inchieste orali, con la visita a luoghi menzionati nel poema, con la lettura di documenti originali, in aggiunta alla propria cultura personale. Ma la reale presentazione al pubblico aveva fatto emergere insospettate difficoltà: «plus est opus magno ingenio quam magna scientia ad intelligentiam huius libri, sicut ego expertus sum dum legerem librum istum Bononiae» (Lac., IV, 335-336), confesserà di questa prima lettura, nel suo ultimo commento. Egli perciò proseguì nello studio assiduo e faticoso della ricerca più accurata e della spiegazione più esatta, al fine di giungere ad un commento sempre più perfetto e completo anche a costo di un continuo travaglio. Non enuncia perciò un topos retorico quando ci confessa: «Nec mireris, lector, si auctor [Dante] diu laboravit, et si labore macruit in hoc opere altissimo componendo, quia mihi simile accidit in ipso exponendo» (Lac., V, 354). Il progressivo lavorio di perfezionamento è evidentissimo nel raffronto delle tre redazioni. Specialmente constatabile, per portare qualche esempio, nei dubbi di scelta su personaggi di incerto significato nella *Commedia:* come in *Inf.* IV, 128, nella prima redazione si ha: «*Vidi... Julia:* Et dicit quod vidit Juliam, filiam Octaviani, que fuit magna meretrix et dissolutissima, sed proinde fuit sapientissima... (Posset) etiam loqui de Julia, filia Julii Cesaris, uxore Pompei» (72); nell'ultima redazione invece Benvenuto scrive senz'altro: «Haec Julia, de qua hic loquitur auctor, fuit filia Julii Caesaris et uxor Pompei etc.» (Lac., I, 166). O anche in *Par.* X, 118-

---

(72) *La Commedia di Dante Alighieri col commento inedito di Stefano Talice da Ricaldone,* a cura di Vincenzo Promis e Carlo Negroni, cit., vol. I, p. 69.

120 («Nell'altra piccioletta luce ride / quello avvocato de'tempi cristiani / del cui latino Augustin si provide»), nella prima redazione si ha soltanto: «Ponit Ambrosium Romanum nobilem, qui convertit Augustinum, et pugnavit contra Arianos» (73); ma nell'ultima redazione, certamente dopo ulteriore letture, Benvenuto scrive: «*Quell'avvocato dei tempi cristiani,* scilicet, Ambrosius; nam per excellentiam potest dici advocatus christianorum magis quam Orosius, *del cui latino Agostin si provvide,* quia ad eius praedicationem conversus est ad fidem: et sic bene providit sibi, quia saluti animae suae et aliorum multorum, quia nullus copiosus, nullus subtilius scripsit Augustino...; vel si intelligas de Orosio, tunc litera exponatur sic: *quell' avvocato de'tempi cristiani,* scilicet Orosius, qui assumpsit causam christianorum defendendam contra paganos ... *del cui latino Agostin si provide,* quia Augustinus requisivit eum in suum subsidium, ut sic fortius duo quam unus certarent contra adversarios Christi» —e si noti il modo curiosissimo di scelta critica, concludendo— «Et hic nota quod quamvis istud possit intelligi tam de Orosio quam de Ambrosio, et licet forte auctor intellexerit de Orosio, cui fuit satis familiaris, ut perpendi ex multis dictis eius; tamen melius est quod intelligatur de Ambrosio, quia licet Orosius fuerit vir valens et utilis, non tamen bene cadit in ista corona inter tam egregios doctores» (Lac., V, 44-45).

Ancora più evidente nelle varie redazioni uno sforzo progressivo di perfezionamento nella ricerca più accurata e precisa delle fonti. Non manca infatti il caso che nella prima redazione, Benvenuto, per delle citazioni, si esprima un pò a vanvera: («e papi e cardinali / in cui usa avarizia il suo soperchio», *Inf.* VII, 47-48) «Et dicit quod isti clerici sunt Pape et Cardinales, in quibus et nunc excessive producitur.

_____
(73) *Ibid.,* vol. III, p. 137.

Et sciendum est quod sanctus *Jeronimus* fecit unum librum *De Avaritia* dicens: hodie avaritia pro crimine non habetur, quoniam non invenitur qui ipsam repudiet» (74); ma preciso nell'ultima redazione: «*e papi e cardinali* ecc., idest quod avaricia istorum excedit avariciam caeterorum; ideo bene *Zeno* episcopus veronensis dicit in suo libro *De Avaricia,* quod avaricia a mundo pro crimine non habetur, quia non invenit a quo reprehendatur» (75) (Lac., I, 255-256).

In preparazione alla sua opera egli lesse senza dubbio i commenti di quelli che lo avevano preceduto nella grande fatica. Esplicitamente compaiono menzionati nella prima redazione rambaldiana, i nomi di Jacopo della Lana e di Pietro di Dante. Benvenuto, che proveniva dalla scuola del Petrarca e del Boccaccio umanista, li trovara insulsi e fantastici così che criticandoli severamente, li accomuna ai commentatori medievali di classici:

Aragne significat personam, que parum scit, sed multum confidit in scientia sua; et directe facit sicut Aragne, que eviscerat se, et facit telam, et capit muscas; sed si vadat unus passer, rumpit telam. Ita faciunt multi ignorantes, sicut fuit ille Petrus Della Lana, Servius Zonus (*sic*), qui multas vigilias expenderunt in componendo comenta; et fecerunt opus aranei, quod non capit nisi muscas. Idest nisi ignorantes, sed scientes sicut Pallas non» (76).

---

(74) *Ibid.,* vol. I, p. 105.

(75) Cf. *Patrologiae Latinae cursus completus, accurante* J. P. Migne (Parisiis: escudebat Vrayet, 1845), Tomus XI, coll. 325-326. Il testo è: «Sed quia inextinguibilis pestis incendio totus mundus exarsit; avaritia, ut putatur, crimen esse desiit, quia neminem, qui se posset arguere, derelinquit».

(76) *La Commedia di Dante Alighieri col commento inedito di Stefano Talice da Ricaldone,* a cura di Vincenzo Promis e Carlo Negroni, cit., vol. II, p. 154.

Qui, i commentatori della *Commedia* Pietro di Dante e Jacopo della Lana sono uniti, nel disprezzo di puro stampo umanista, ai due commentatori delle Buccoliche di Virgilio, Servio Mauro e Zono de Magnaliis, che sono il bersaglio precipuo di Benvenuto nelle sue chiose virgiliane (77). Nella seconda redazione del commento il Rambaldi già si modera con Pietro di Dante —ad una lettura più ponderata non doveva essergli sfuggito l'influsso preumanistico della scuola padovana sul figlio del poeta— e attacca soltanto Jacopo della Lana. Troviamo lo stesso passo infatti nello Ashburn. così trasformato: «Ecce Jacopus de Lana glosavit Dantem ubi posuit tot vigilias. Isti (*sic*) fuit tela aranea et cepit muscas, idest homines ignorantes et simplices et credulos; sed si venit aliquis incredulus rumpit telam et detegit errores» (Cod. Ashburn. c. 88v; in *Purg.* XII, 42). Anche nella cantica precedente l'aveva attaccato severamente; al canto XVI dell'*Inferno* dove Dante ricorda la cascata del Montone «là sovra San Benedetto», al verso 102 («ove dovria per mille esser ricetto»), Benvenuto scrive: «Cave ne dicas sicut ille de Lana, qui nil intellexit a capite usque ad finem; dicit rem ridiculam» (Cod. Ashburn. c. 42r) (78).

Tuttavia nella terza redazione Benvenuto si modera anche nei riguardi del commentatore bolognese. Ulteriori letture, e forse anche l'età, lo avranno certamente indotto a una maggiore comprensione per la fatica dei suoi predecessori, dandogli una maggiore ampiezza di visione e di giudizio. Egli infatti così modifica il passo sopra riportato:

«Per Palladem debes intelligere virum vere sapientem, per

<hr>

(77) Cf. Fausto Ghisalberti, *Le chiose virgiliane di Benvenuto da Imola*, Pubblicazione della Reale Accademia virgiliana di Mantova, Serie miscellanea, Mantova (1930), vol. IX, p. 7 [75] e nota 2.
(78) Vedi *infra*, p. 96.

Arachnem sophistam verbosum qui viscerat se, et toto posse laborat ut faciat aliquid subtile opus, sicut recte faciunt hodie isti moderni logici anglici; sed tale opus durat sicut tela araneae; et sicut tela ipsa araneae subtilis non valet nisi ad fallendum vel capiendum muscas volantes et minuta animalia, ita tale opus subtile non valet nisi ad capiendum iuvenes vanos, sed non senes vere philosophantes» (Lac., III, 332-333).

Qui Benvenuto non si ferma solo al campo della critica dantesca, ma spazia entro ambiti culturali più vasti. La sostituzione dei *moderni logici anglici* potrebbe essere un attacco all'occamismo di importazione oxfordiana, a meno che il Rambaldi non abbia desunto l'idea direttamente dal Petrarca nella lettera a Tommaso da Messina (79), il che non toglierebbe niente alla forza delle proprie convinzioni.

Segni infatti della personalità del Petrarca che venivano improntando una nuova cultura si manifestano spesso nel chiosare più tardo di Benvenuto. Di essi si parlerà espressamente più avanti; basterà qui rilevarne qualcuno che mostri come —nello spazio di tempo tra la prima e l'ultima redazione— l'imolese venisse assimilando la lezione del maestro aretino; quale, per esempio, il ricupero del valore etico della sapienza pagana negli scrittori classici, citati a lezione di virtù morali per l'uomo, sullo stesso piano, ma anche in sostituzione, di scrittori cristiani. Così in *Purg.* X, 121-123 («O superbi cristiani, miseri lassi, / che, de la vista de la mente infermi, / fidanza avete nei retrosi passi»), mentre, nella prima redazione, il commentatore aveva fermato la chiosa su un significato meramente teologico («Et subdit vertendo sermonem ad Christianos solos; quia Pagani num-

_____

(79) F. Petrarca, Let. Famil., I, 7, *Ad Thomam Messanensem contra senes dyalecticos;* cf. *Francesco Petrarca, Le Familiari,* a cura di Vittorio Rossi (Firenze: G. C. Sansoni, 1917), vol. I, p. 36.

6

quam vadunt ad purgatorium») (80), nell'ultima stesura, vi allega la sentenza di un autore classico:

«Et hic nota quod poeta optime dicit; cum Plinius dicat in septimo: 'miseret et etiam pudet extimare quam sit frivola origo superbissimi animalium, quem saepe antequam nascatur foetor candelae extinctae extinguit, et natum morsus culicis necat, et ipsa vita quanto longior tanto miserior'. Unde quidam extimaverunt esse optimum non nasci, aut citissime mori. Ideo bene dicit Plinius: 'Qui te Deum credis aliqua prosperitate superbiens tam faciliter perire potuisti; certe qui fragilitatis humanae memor fuerit numquam superbiet, qui a planctu vitam incipit futurae miseriae auspicium'» (Lac., III, 292-293). Ciò si evidenzia anche nel constatare che Benvenuto nell'ultima redazione ha inserito esempi esplicativi presi da classici pagani dove nelle precedenti redazioni si trovavano esempi desunti da scrittori cristiani; come, per esempio, alla chiosa dei versi 62-63 *Purg.* III: «Ecco di qua chi ne darà consiglio, / se tu da te medesmo aver nol puoi». Nella prima redazione il commentatore, attribuendo al testo il significato allegorico di un consiglio morale, chiosava:

«Respice quod isti nobis dabunt consilium. Quod significat quod homo sapiens aliquando addiscit a minori se aliquid quod ipse nesciebat, et capit consilium ab eo. Unde Ugo de Sancto Victore: forte aliquid quod tu nescis novit aselllus» (81).

Due lustri più tardi Benvenuto mostra un mutamento di gusto e d'interessi; e rinnova la chiosa:

---

(80) *La Commedia di Dante Alighieri col commento inedito di Stefano Talice da Ricaldone*, a cura di Vincenzo Promis e Carlo Negroni, cit., vol. II, p. 133.
(81) *Ibid.*, vol. II, p. 38.

«Est morale dictum. Per hoc enim notat quod vir, quamtumcumque peritus et expertus, non debet erubescere discere a minori, imo oportet saepe doceri ab ignaro vulgari. Unde non dubito quod Virgilius in libro Georgicorum multa habuit a rusticis suis quos consulebat de aliqua re, in cuius cognitionem numquam devenire potuisset cum toto suo ingenio vel studio» (Lac., III, 96).

È evidente nell'esemplificazione la sostituzione di uno scrittore cristiano con un classico pagano. Non si può non pensare alle lezioni morali del Petrarca, e, per menzionare un'opera in concreto, al *Secretum* dove consigli ed esempi morali non vengono più esclusivamente presi dai Padri della Chiesa o scrittori ecclesiastici, ma dalla sapienza dei classici latini. Tali sostituzioni, dalla prima all'ultima redazione, sono numerose nelle chiose dell'imolese.

I nuovi interessi che venivano penetrando la società letteraria, si manifestano nel commento benvenutiano —redatto nello stesso periodo— non solo in ciò che tocca la parte contenutistica ma anche quella formale. Per l'influsso dell'umanesimo il caratteristico realismo del linguaggio di Benvenuto diventa più dotto: (*Purg.* VI, 13-14) la violenta vendetta di Ghino di Tacco contro il giudice Benincasa, colto mentre sedeva pubblicamente a giudizio, è così presentata nell'Ashburn.:

«...Ghinus transvestitus, inter magnam multitudinem saliit in banchum et cepit ipsum sub pedibus et ipsum occidit; et nullus cepit nec capere ausus est. Ipse habebat bavam ad os et gladium evaginatum» (Cod. Ashburn. c. 80r).

Mentre nell'ultima redazione, pur mantenendo un accentuato realismo, si sente chiara l'elaborazione letteraria: «... ecce Ghinus Tacchi incognitus, velut Scaevola. magis timendus quam timens, invasit eum terribiliter, et gladio transfossum praecipitavit ab alto. Et fugiens evasit, transiens velut fulmen ardens per medium turbarum» (Lac., III, 169-170).

Evidentemente altri aspetti dell'avanzante umanesimo sono riscontrabili nel commento benvenutiano, tanto da potervi vedere una lettura della *Commedia* in chiave umanistica. Dovendosi di ciò parlare più avanti, ci si è limitati a qualche esempio, per dimostrare come la nuova sensibilità sia venuta gradualmente inserendosi nella chiosa dell'imolese, proprio come gradualmente questa stessa sensibilità veniva penetrando negli ambienti culturali del tempo.

6) Una novità distingue nettamente l'ultimo commento dai due precedenti: l'inserimento continuo, tra le chiose benvenutiane, di esempi storici contemporanei e di allusioni autobiografiche o di casi personali. Il fatto pensiamo, può essere stato determinato dalla mutazione dei fini che il lavoro si proponeva. Nato per la scuola (prima redazione) e divulgato poco dopo come una serie di letture (seconda redazione), veniva rimeditato e ridimensionato come lavoro stabile per un pubblico più esteso; precisamente con lo stesso intendo dei precedenti commentatori di Dante. Ma per il lavoro di Benvenuto, a differenza di quel che era stato per gli altri, c'è da aggiungere una particolarità: esso era —per la professione del suo autore— un lavoro critico-letterario; un'altra opera cioè, nell'attività di un commentatore di classici. Il commento di Benvenuto era perciò il primo che fosse stato prodotto da un vero e proprio professionista; in altre parole, un commento che proveniva dal rango professionale della tradizione retorico-letteraria dei commentatori dei grandi autori. E resterà unico per lungo tempo. I commentatori precedenti o i contemporanei del Rambaldi, o anche quelli immediatamente seguenti, non possono propriamente dirsi degli *autoristi*. Neppure il Landino a rigor di termini può considerarsi

uno di essi; d'altronde egli stesso si professava un filosofo. Si dovrà aspettare fino al Daniello, al Vellutello, al Castelvetro, cioè fino al secolo XVI, prima che il commento alla *Commedia* diventi un lavoro proprio ed esclusivo dei commentatori professionisti di classici.

Non vogliamo lasciare questo argomento senza accennare ad un fatto che ci sembra estremamente importante. La comparazione delle tre redazioni è spesso assolutamente necessaria alla comprensione esatta e completa della chiosa del Rambaldi, espressa nel commento definitivo, che è quello che oggi si legge a stampa. Tale comparazione è specialmente necessaria in due casi particolari. Primo, evidentissimo, quando nel *Comentum* la chiosa è interrotta da quei numerosi *etc.* —di cui si è accennato precedentemente— che arrestano la spiegazione proprio all'inizio, così che essa rimane a volte quasi del tutto monca; essa potrà spesso trovarsi conclusa nelle precedenti redazioni (82). Secondo, meno individuabile,

---

(82) Per esempio, nell'ultima redazione (edizione del Lacaita) alla spiegazione dei versi 131-138, *Par.*, X («Questi... è la etterna luce di Sigieri ecc.») leggiamo: «Iste ultimus spiritus fuit quidam doctor modernus parisiensis, qui diu legit Parisius in logicalibus, cui quidam discipulus praemortuus apparuit coopertus sophismatibus etc.». L'*etc.* è di Benvenuto, che in seguito sarebbe ritornato a completare la chiosa. Nel *Cod. Ashburn.* (seconda redazione) allo stesso punto, appena accennato il nome di Sigieri vi è uno spazio di cinque linee lasciato in bianco; forse il testo doveva essere illeggibile al copista. Nel testo del Talice (prima redazione) possiamo conoscere la storia che il commentatore ha lasciato soltanto iniziata nell'ultima redazione (ediz. Lacaita); è scritto infatti: «Iste ultimus fuit Sigerius, Doctor Parisiensis. Iste inter ceteras scientias fuit maxime logicus. Sophisticus quidam apparuit sibi post mortem, totus territus; et manifestavit se, dicens: ego sum talis. Et ostendit qualiter stabat, quia erat oneratus brevibus; et illa erant siphistica quibus utebatur in vita. Et ostendit sibi quam penam dabant sibi; quia cepit manum eius, et posuit ad unum foramem unius brevis; et exivit sudor qui visus est perforare, non solum manum, sed cor ipsius corporis. Tunc iste disposuit se ad non amplius studendum in sophisticalibus, sed in sacra Theologia» (cf. *La Commedia di Dante Alighieri col commento inedito di*

l'attuale *Comentum* può essere chiarito, a volte anche corretto, dalla collazione con le precedenti redazioni. Riportiamo un esempio. Nel commento del Lacaita, a proposito della descrizione riportata da Guido del Duca sulla cattiveria dei paesi lungo la valle dell'Arno (*Purg.* XIV, 28 ss.), si legge:

«Et hic nota, lector, quod illud quod poeta noster hic dicit de habitatoribus istis, poterat dicere, imo dicit pro magna parte de habitatoribus Italiae, imo mundi; unde semel *interrogatus,* quare Dantes posuerat plures christianos quam paganos in inferno, brevider *respondit* quia melius noverat christianos; et plures posuerat Italicos, quia sunt magis digni fama et praviores; et ita plures tuscos, et ita plures cives suos, quia melius noverat eos» (Lac., III, 381-382).

Quel che troviamo quì scritto è che Dante ha spiegato su richiesta perchè abbia messo tanti cristiani, italiani e toscani all'inferno. E qualche critico potrebbe anche trovarvi materia per una lunga disquisizione sul dove, quando, come e perchè Dante abbia discusso problemi inerenti alla sua *Commedia,*

Stefano Talice da Ricaldone, cit., vol. III, pp. 138-139). Tra l'altro possiamo capire che qui Benvenuto ha scritto la chiosa «a orecchio,» ed egli ignora completamente il vero Sigieri (come del resto gli altri commentatori del Trecento che chiosano il passo limitandosi a trascrivere in prosa ciò che Dante ha messo in versi); l'imolese ha confuso maestro Sigieri con maestro Serlo. La storia si trova anche nel decimo esempio dello *Specchio di vera penitenza* di Jacopo Passavanti, ma Benvenuto doveva averla letta nella *Leggenda Aurea* di Jacopo da Varagine, che egli ben conosce, come risulta da qualche passo del commento.

Dobbiamo inoltre aggiungere che qualche rarissima volta nel commento a stampa (ultima relazione) è saltata —per evidente distrazione del commentatore— la spiegazione di qualche verso; si ritrova però nelle precedenti redazioni. Così per esempio, nell'edizione del Lacaita (terza redazione) mancano i versi 73-74, *Par.,* XXXIII con il relativo commento, la chiosa però si incontra sostanzialmente uguale sia nell'Ashburn. (seconda redazione) sia nel Talice (prima redazione), in cui leggiamo: «*Che per tornare alquanto:* et assignat causam quare debeat exaudiri, quia plus comprehendetur de gloria Christi per suos versus, si bene dixerit.

magari costruendoci sopra anche pretesti biografici. Invece se compariamo il testo citato con le precedenti redazioni, vediamo che, non Dante, ma Benvenuto ha discusso il problema con un suo interlocutore. Nella prima redazione difatti già possiamo leggere:

«Quidam semel quesivit: que est causa quare Dantes non ponit ad infernum nisi christianos? Ista fuit mala petitio, quia multos ponit paganos. Sed ponit plures christianos...» ecc. (83).

Nella seconda redazione è assolutamente esplicito:

«Nota quod non est magnum tempus quod homo magne literature set mali animi, *petivit me* quare Dantes non posuit in infernum nisi christianos. Ipse habebat parum fidei. *Ego dixi:* primo, male proponis, cum multos ponat paganos...» ecc. (Cod. Ashburn. c. 17r).

Concludendo, per quanto si è venuto rilevando, troviamo le tre redazioni del commento rambaldiano interessanti anche

---

Et vere bene fuit exauditus; quia post mortem notificavit [filio] illud quod restabat de hoc opere, scilicet XIII capitula; et hoc fuit per visionem patris sui Dantis, qui apparuit ei in veste candida, letus et beatus» (cf. *La Commedia di Dante Alighieri col commento inedito di Stefano Talice da Ricaldone,* cit., vol. III, p. 415). Ma da questo testo non possiamo ancora conoscere chi dei figli di Dante ebbe in sogno la fortunata visione del padre. Troviamo ciò nella seconda redazione (Cod. Ashburn.), dove è espressamente menzionato il figlio Jacopo. Possiamo così imparare che Benvenuto credeva alla storia dello smarrimento degli ultimi tredici canti della *Commedia,* narrata dal Boccaccio nella *Vita di Dante* (cf. *Il Comento di Giovanni Boccacci sopra la Commedia preceduto dalla Vita di Dante Allighieri scritta dal medesimo,* per cura di Gaetano Milanesi [Firenze: Felice Le Monnier, 1863], vol. I, pp. 62-64).

(83) *La Commedia di Dante Alighieri col commento inedito di Stefano Talice da Ricaldone,* a cura di Vincenzo Promis e Carlo Negroni, cit., vol. II, p. 179.

per quel che esse costituiscono come testimonianza e documento. Per il lungo tratto di tempo in cui si son venute elaborando, esse testimoniano —perchè ne sono conseguenza— quei mutamenti che si son svolti in seno alla società letteraria sul finire del secolo XIV, comprendenti gli aspetti più svariati, da quelli filologici e linguistici a quelli filosofici e religiosi. Ma esse rappresentano anche un documento di evidente transizione tra due modi differenti di avvicinare il poema dantesco: un primo —subito dopo la morte dell'autore— massimamente concentrato sulla validità del contenuto dottrinale; il nuovo —nella seconda metà del trecento— intenzionalmente indirizzato verso il rapporto con la grande poesia. Precisamente questo verrà a costituire uno degli aspetti più originali del commento dantesco dal Rambaldi.

LA LINGUA DI BENVENUTO DA IMOLA

Come si sa il commento di Benvenuto da Imola alla Commedia è in latino. Così l'avevano scritto, con qualche eccezione (Lana, Ottimo), i suoi predecessori; quantunque intorno al suo tempo, venisse affermandosi la chiosa in volgare (Boccaccio, Buti, Anonimo).

Ma il latino di Benvenuto è venuto in fama di essere troppo... infame; e grossi nomi hanno rilevato il ... «grosso latino» di Benvenuto, quali dalla fine del secolo scorso —il Novati ed il Barbi, caratterizzandolo con uno stile sciatto, causato anche da incapacità da parte del commentatore (84).

A dire il vero, qualcosa in proposito risale molto più indietro, fin già al Salutati. Il Rambaldi intorno all'anno 1383

---

(84) Cf. Francesco Novati, «Per la biografia di Benvenuto da Imola - Lettera al Professor V. Crescini», in *Giornale Storico della Letteratura Italiana*, vol. XIV (1889), pp. 262 e 265; Michele Barbi, «Il testo della 'Lectura' bolognese di Benvenuto da Imola nel cosiddetto Stefano Talice da Ricaldone», in *Bullettino della Società Dantesca Italiana*, Nuova Serie, vol. XV (1908), p. 227.

inviava al cancelliere fiorentino i primi canti dell'*Inferno*, per un giudizio in vista d'una possibile pubblicazione. Il Salutati ne lodava l'indagine espositiva —ottimo perciò per una pubblicazione— ma biasimava la forma troppo pedestre— evidentemente da perfezionarsi:

«Principium commenti, sive lecture tue super prima cantica Dantis... avidus legi et stupitus intellexi. Altis, iudicio meo, undique sensibus nititur et profundissime expositionis indagine omnia auctoris verba rimatur. Summe itaque placet, nec cunctantum reor quin illud opus in pubblicum possis emittere, si tamen ea que nimis pedestri sermone prosequeris ... altiori parumper stilo curabis attollere» (85).

Dedurre da ciò, come ha fatto il Novati e come si continua a fare, che Benvenuto non sapesse il buon latino, è ingiusto per il commentatore imolese. Il Salutati, infatti, poco più avanti nella lettera, lo esorta a mostrare «maiestatem illam sermonis quam tuis sum epistolis admiratus». Dunque il Rambaldi scriveva del latino che faceva meraviglia allo stesso purista Salutati. E il Salutati non aveva visto che il solo «principium commenti», in quanto al suo giudizio negativo, che perciò non è legittimo estendere all'intera opera continuata dopo la sua lettera. Benvenuto infatti «alzò» il discorso, come si può costatare ad una lettura completa del lavoro. D'altronde non è mancato —ancor prima del Novati— chi l'avesse avvertito, stabilendo entro i giusti limiti un giudizio assennato sul linguaggio di Benvenuto: «Taluno si è beffato dello scrivere di quel commentatore, senza riflettere che dovendo esporre latinamente ai suoi discepoli un poema volgare pieno di ardui sensi, era costretto di scendere alle frasi

---

(85) *Epistolario di Coluccio Salutati,* a cura di Francesco Novati (Roma: Forzani e C. Tipografi del Senato, 1893), vol. II, pp. 76-77.

più triviali per accostarsi alla loro intelligenza; serbando a miglior uopo lo stile colto e regolare, di cui non era certamente digiuno, come si vede nella dedicazione del suo libro al Marchese Niccolò d'Este» (86). Non bisogna ignorare le tre differenti redazioni —con le loro diverse circostanze— e separare le prime due dall'ultima, per un giudizio adeguato sul latino del commento dell'imolese. L'atteggiamento negativo verso di esso dipende, pensiamo, proprio dalla mancata attenzione a quelle distinzioni da noi discusse.

Ed anche per l'ultima redazione —che è quella su cui vorremmo fondare il nostro giudizio— non bisogna dimenticare l'incompletezza della sua rifinitura, per cui vi si incontreranno toni sostenuti e improvvise cadute formali. Si tenga presente che il commento stesso era nato per la scuola e nella scuola; di conseguenza, per quanto l'autore venisse adattandolo ad una pubblicazione —certamente tenendo presente il classicismo contemporaneo, come modello paradigmatico— la forma originaria rimaneva pur sempre una lettura universitaria. Pertanto nella prosa del commento convivono due momenti stilistici completamente differenti, se non opposti. Uno che si evidenzia in passi letterariamente costrutti in cui sono inconfondibili, nel commentatore, la lunga familiarità e lo studio imitativo dei classici latini, sia poeti che prosatori; così che, anche se al presente manchiamo di una qualunque epistola di Benvenuto da poter misurare la raffinatezza del suo discorso —una di quelle, per esempio, che usava indirizzare al Petrarca e al Salutati— questi passi possono darci un'idea positiva delle sue capacità compositive. Un altro che si manifesta in un linguaggio popolareggiante, quello stesso usato nella scuola e nella predica, che già si ritrovava

---

(86) Marcantonio Parenti, *Annotazioni al Dizionario della Lingua Italiana*, vol. I, p. 127; cit. da Colomb De Batines, *Bibliografia Dantesca* (Prato: Tipografia Aldina Editrice, 1846), parte II, p. 303.

—andando più indietro negli anni— nella prosa del Salimbene e che —più avanti— affiorerà fino nelle «recollectae» del Pomponazzi (87). S'incontreranno perciò nel commento costruzioni sintattiche e lessicali sullo stampo del volgare; frequente il *quod* con l'indicativo anche per la dichiarativa e consecutiva; inoltre, idiomatismi trasportati di peso dal vernacolo («Stas attentus», «Ista truffa est, «Per Deum!», «Vadas ad diabolum!», ecc.); come anche la presenza di vocaboli di un latino regionale («zapellos», «domicelli» e «domicelle» ecc.); nonchè centoni dalle più svariate provenienze —bibliche, liturgiche, cronachistiche, proverbiali, o variamente letterarie— assimilati e riversati poi nel discorso, dove, amalgamandosi nel corpo della sentenza, scompaiono nel tessuto lessicale tanto che il linguaggio assume un'originalità tutta propria da apparire chiaramente in funzione di concetti piuttosto che a mostra d'abilità accademica.

D'altronde egli doveva essere perfettamente conscio che non fosse questo il luogo in cui sfoderare la propria eleganza in uno stile epistolare; il commento era un lavoro puramente esplicativo; egli doveva perciò badare ad una prosa espositiva in cui risultasse chiarezza del proprio discorso a chiarimento nacolo («Stas attentus», «Ista truffa est», «Per Deum!», di quello di Dante. E così è; come risulta da certe linee, dove —grazie al rifiuto di preziosismi intellettualistici— la limpidezza è adamantina. Prendiamo per esempio le brevissime parole d'introduzione che Benvenuto premette ad uno dei più intricati canti della *Commedia,* il VII del *Pasadiso,* un canto in cui il discorso dantesco viene scomposto e capovolto in distinzioni e bipartizioni a causa del soggetto stesso nella sua

---

(87) Questa prosa del Pomponazzi non sfuggiva al gusto maccheronico del Folengo: «Dum Pomponazzus legit ergo Perettus, et omnes / voltat Aristotelis magnos sottosopra librazzos, / carmina Merlinus secum macaronica pensat / et giurat nihil hac festivius arte trovari» (*Baldus,* 1. XXII, vv. 129-132).

tematica teologico-speculativa (le due nature, in Cristo, in contrapposizione ma ricondotte all'ipostasi). Premettiamo che negli altri canti Benvenuto introduce le divisioni (generalmente non meno di 4 o 5 o 6) annunziando e le caratteristiche interne e i personaggi trattati; qui invece rimane essenzialmente scheletrico (sembrerebbe rasentare l'ingenuità) toccando esclusivamente il tema centrale:

«In isto VII capitulo [Dante] pertractat unam quaestionem quae oritur ex quodam dicto superius posito; et est quaestio: quomodo vindicta facta per Titum de morte Christi potuit esse justa, si mors Christi facta sub Tiberio fuit justa? Nam si judex juste damnat reum, quomodo potest fieri vindicta justa de reo? Et praesens capitulum potest dividi *solum* in tres partes generales; in quarum prima autor pertractat dictam quaestionem. in secunda aliam quae nascitur ex prima, ibi: *Ma io*. In tertia et ultima aliam quae nascitur ex secunda, ibi: *Or per empierti*» (Lac., IV, 460).

Benvenuto presenta unicamente il tema centrale unificatore dell'intero canto, senza distogliere da esso con l'enunciato delle altre suddivisioni, evitando la complessità d'una terminologia tecnica, introducendo pian piano, sulle orme del discorso dantesco, il lettore nel labirinto della speculazione metafisica, ove si ritroverà senza accorgersene. Questo gli proveniva dall'assiduità dell'insegnamento scolastico, che, richiedendo chiarezza e praticità, spingeva il commentatore ad indirizzarsi direttamente all'essenzialità della chiosa.

Non vuol dire, però, che ogni qualvolta gli si prestasse il destro, il commendatore imolese rinunziasse a sfoderare il suo bel pezzo letterario, quasi a far mostra di quel che noi oggi chiameremmo «la bella pagina». Egli è il solo commentatore di Dante che si compiaccia d'introdurre l'intero poema con ventisei esametri latini in lode del poeta, ed a chiudere le cantiche (eccetto il *Paradiso,* perchè forse colto dalla morte) con un conciso riepilogo, ugualmente in esametri.

Un esame della lingua di Benvenuto è veramente interessante, oltre che affascinante, specialmente per un letterato d'oggi non più legato a formule di purismo grammaticale o sintattico. Egli combina la più perfetta imitazione dei classici alle più spericolate espressioni contemporanee di un crudo verismo. Butta all'aria il «cursus» del latino medioevale, ma non rinunzia ogni tanto alla sinonimia (aggregatio) o paronomasia (adnominatio) che tanto insollucheravano i palati dei retori medioevali, combinandole a volte in forme così originali da poterle chiamare pure creazioni benvenutiane. Neppure egli cura più la distinzione degli stili grave e mediocre dell'*ars dictaminis;* purtuttavia eleva il discorso quando la materia gli suscita l'estro o dalle stelle va alle stalle quando la plasticità dell'immagine gli richiama la parola, che, non esistendo meglio formulata in latino, egli è costretto a latinizzare desumendola dal vernacolo più colorito. Sembra che per lui l'espressione letteraria debba fermare l'immagine, concisa, immediata e sonora, del pensiero, usando a ciò il mezzo che meglio l'aiuti ad identificarla con l'idea; allora la frase prende vita e movimento, e la prosa dello scrittore acquista vero sapore di modernità.

E siamo arrivati precisamente dove volevamo arrivare nel buttar giù queste note. Il problema della lingua sarà sempre cruciale per uno scrittore che, costretto a materializzare in vocaboli l'idea immateriale, si senta impegnato a rappresentare la realtà senza sovrapposizioni che la alterino. Facendo leva sulla familiarità che ebbe con i classici latini, Benvenuto fu in grado di affrontare per primo l'analisi estetica di quel che era il primo capolavoro in volgare italiano in una poetica di nuova creazione, comportante nuovi elementi espressivi di concetti e di forma. Si trovava perciò non solo di fronte ad esplicazioni e soluzioni di originalità estetiche, ma a dover ridimensionare la propria lingua per ... un'altra lingua. Si pensi —in parte e soltanto per analogia— al Verga che dal linguaggio delle psicologie raffinate passa a quello rusticano: a concretare la nuova realtà, nella sua corposità e vividezza, egli inflette il periodo in nuovi costrutti e cadenze, usa una sintassi fatta di anomalie e contrazioni strapaesane, adatta vivezze lessicali ed espressioni popolaresche. In qualche maniera è quel che fa Benvenuto. Ne esce senz'altro un linguaggio vivido, brillante, incisivo e cattivante tale da rendere il lettore legato alla pagina e desideroso di quella seguente. Non senza perchè un critico e linguista della sensibilità del Contini, ha incluso la prosa di Benvenuto (che egli definisce «carnosa e succosa») (88) in un'antologia di scrittori italiani. Personalmente pensiamo che per capire il valore e l'originalità dello scrittore Benvenuto in un giudizio d'estetica letteraria si debba ridimensionare il soggetto, cioè non più parlare di un «latino» ma di una «lingua» di Benvenuto.

BENVENUTO ED I COMMENTATORI PRECEDENTI

Nell'affrontare il commento alla *Commedia,* Benvenuto non aveva soltanto visitato i luoghi menzionati nel poema e consultato i documenti che del poema trattano, ma anche studiato il lavoro dei suoi predecessori. Come già si è accennato, egli ne menziona soltanto due esplicitamente, Jacopo della Lana e Pietro di Dante. Questi, insieme all'Ottimo, erano i soli, che nella storia del commento secolare fino a Benvenuto, avessero chiosato compiutamente il poema in tutte e tre le cantiche.

Da riferimenti indiretti è evidente che egli conoscesse i commenti di Graziolo Bambaglioli, di Guido da Pisa, del-

---

(88) Gianfranco Contini, *Letteratura Italiana delle Origine* (Firenze: G. C. Sansoni, 1970), p. 874.

l'Ottimo, di Jacopo di Dante e le chiose Selmiane (89) (cioè tutti i commenti di cui oggi possediamo l'edizione a stampa), ma se ne serve di meno, avendo questi suoi predecessori (eccetto l'Ottimo) commentato il poema soltanto parzialmente.

È chiaro che egli era a conoscenza di altri commentatori, dei quali oggi si son perdute del tutto le tracce (90).

Nell'ultima redazione Benvenuto non fa esplicita menzione di nessuno, ma introduce sempre le varie opinioni con un «aliqui dicunt».

In generale, l'atteggiamento verso i suoi predecessori —quando ne riferisce le varie sentenze— è di costante polemica. Egli ne vuol denunciare i «truffamina» e presentare la giusta esplicazione.

L'attacco contro i due che l'avevano preceduto nel commento intero alle tre cantiche non è del tutto infondato.

Di Jacopo della Lana, il Rocca, che l'ha studiato a fondo, rilevava: «Intento solo a rendere interessanti i suoi racconti, egli si dà poca cura di rintracciare e di esporre fedelmente il fatto nella sua realtà oggettiva; e come per le cose antiche egli non si occupa di cercare le fonti più attendibili, quelle di cui erasi già servito il poeta, ma o accetta senz'altro i rifacimenti, medievali, o lavorando liberamente sopra notizie confuse accomoda a modo suo un avvenimento, una leggenda, una favola; così per la storia dei suoi tempi accetta senz'ombra di critica qualunque storiella trovi sulla bocca del popolo, e al bisogno abbellisce un fatto storico con delle circostanze immaginarie, felice se riesce in tal modo a rendere più piacevole il suo racconto. Un metodo sì fatto se pur piacevole ai contemporanei dello scrittore, non può piacere a noi, che siamo soliti

---

(89) Vedi *infra*, p. 132, e note. Ni. 38, 40, 41, 42.
(90) Molte opinioni dibattute da Benvenuto e non riscontrabili nei commentatori trecenteschi oggi conosciuti, sono in genere di scarso valore culturale; potrebbero anche appartenere ad una tradizione orale.

ricorrere ai commenti antichi specialmente per attingere notizie storiche» (91). Ma neppure piaceva a Benvenuto che entrato negli interessi dell'incipiente società umanistica, vedeva la *Commedia* con nuovi occhi, già interessato alla ricerca dell'autenticità storica e a concreti riferimenti filologici; come continuamente ci fa capire nel corso del commento, dove vengono ridicolizzate le cronache cittadine e le fabulose storie degli scrittori medioevali (92). Il più violento attacco al notaio bolognese si riferisce ad una di queste immaginose storielle popolaresche riportate nelle chiose: il Lana al verso 102, *Inf.* XVI («Ove dovria per mille esser ricetto») ci parla di un monastero dove Dante doveva esser ricevuto, avendo deciso di farsi frate: «In la desesa, overo nella costa de quisti munti appellata apenino appresso 'l ditto fiume, poi che partito dal munistero de san benedetto si è un altro munistero de frati de san Bernardo, nel qual l'autore dovea esser recevuto per frate et avea proposto in quel ordene consumare soa vitta» (93). Benvenuto non potrà trattenersi dal chiamare tutto ciò «rem ridiculam», e aggiungere, del chiosatore, che «nil intellexit a capite usque ad finem» (Cod. Ashburn. c. 42r.).

Anche per la polemica contro il figlio di Dante, l'imolese non aveva tutti i torti. Affidandosi a lui, qualche volta era rimasto punito; come quando —per portare un esempio di mera informazione— su *Inf.* XVIII, 87, a Bologna ed anche a Ferrara aveva fatto notare: «Colco, insula» (94); ma nel-

---

(91) Luigi Rocca, *Di alcuni commenti della Divina Commedia composti nei primi vent'anni dopo la morte di Dante* (Firenze: G. C. Sansoni, 1891), p. 195.

(92) Vedi *infra*, p. 131, nota 35.

(93) *Cod. Riccardiano 1005* (Firenze), citato (come *Riccard.-Braitense*) da Luigi Rocca, *Di alcuni commenti della Divina Commedia composti nei primi vent'anni dopo la morte di Dante*, cit., p. 136, n. 2; cit. anche da Luciano Scarabelli in *Commedia di Dante degli Allagherii col commento di Jacopo della Lana* (Bologna: Tipografia Regia, 1866), vol. I, p. 294, n. 1, ma purgato da inflessioni dialettali.

(94) *La Commedia di Dante Alighieri col commento inedito di*

l'ultima redazione egli ci tiene a sottolineare che «Colchi enim fuerunt in extremo Ponti, idest majoris maris, in terra, non insula, ut quidam falso dicunt, nam in mari majori nulla est insula» (Lac., II, 18).

Bisogna tuttavia riconoscere che nell'ultimo commento la polemica di Benvenuto verso Pietro ed il Lana si fa molto più pacata, nè più viene diretta personalmente contro di loro. In sessant'anni dalla morte dell'Alighieri essi erano stati dopo tutto gli unici (con l'aggiunta dell'Ottimo) ad apprestare al poema l'intero commento, e tuttora costituivano l'unica fonte più vicina all'autore. E Benvenuto senza dubbio se ne serve; specialmente di Pietro, il cui commento forniva informazioni di prima mano per la vita ed il pensiero dantesco, ma era anche di indiscusso valore per scienza filosofica e scolastica, per dottrina canonico-giuridica, e specialmente per conoscenza ormai diretta della classicità (derivava a Pietro —operante nel Veneto— dal contatto del preumanesimo padovano) rapportata continuamente al pensiero patristico. Anche se in superficie non appare evidente (Benvenuto quando assimila la sentenza non cita la fonte, come del resto si usava fare allora) ad una lettura più attenta del commento dell'imolese, si riconosce spesso il suggerimento del figlio di Dante; certo nei richiami di poeti classici latini, ma anche in soluzioni chiosastiche, perfino in qualcuna di più azzardata originalità ma di accentuato sapore umanistico, quale l'identificazione del *Messo celeste* (*Inf.* IX, 85) con Mercurio, dio dell'eloquenza, che consente a Benvenuto di stendere, in prosa sonante, uno spassionato elogio storico-erudito sul travolgente potere dell'arte della parola (95).

Stefano Talice da Ricaldone, a cura di Vincenzo Promis e Carlo Negroni, cit., vol. I, p. 262; per Pietro di Dante cf. *Petri Allegherii super Dantis ipsius genitoris Commentarium,* cit., p. 190.

(95) Cf. *Petri Allegherii super Dantis ipsius genitoris Commentarium,* cit., p. 124; per Benvenuto, cf. Lac., I, 322.

7

Anche se non menziona mai alcuno per nome, Benvenuto ha conoscenza precisa di numerosi altri commentatori, e se ne serve anche per notizie sporadiche; ne riporta le varie interpretazioni principalmente per confutarli. Dalle loro differenti opinioni, che l'imolese considera costantemente, si può dedurre che egli dovesse averne diversi sotto gli occhi, e alcuni di essi a noi ignoti.

È da notare che Benvenuto, pur mantenendosi in polemica con i suoi predecessori, non accoglie gli altri chiosatori indiscriminatamente, ma distingue tra essi alcuni «ignorantes» che presentano una «frivola expositio», e altri «viri famosi» che «subtilius videntur exponere» (Lac., I, 132). Da ciò si può vedere con quanta ponderatezza studiasse l'esposizione altrui.

Tuttavia nella sua chiosa si può leggere una quasi costante altezzosa superiorità verso gli altri commentatori. Questa —oseremmo chiamarla— albagia professionale aveva radici probabili in quell'atteggiamento generale dell'ambiente umanistico verso scrittori di alcune generazioni immediatamente precedenti (96), non esclusi quelli provenienti dalla scolastica.

Eppure quest'aspetto assume originalità nel lavoro dell'imolese. Nessun commentatore prima di lui aveva usato la propria chiosa —intendiamo nel campo dantesco— a palestra di frusta letteraria. Egli sarà in seguito imitato da qualche altro commentatore (97).

---

(96) Vedi anche *infra*, p. 131, nota 35.

(97) Giovanni da Serravalle, che aveva ascoltato le letture dantesche di Benvenuto: «Audivi istum librum Dantis a magistro Benvenuto da Ymola qui fuit magister meus in hoc libro, quem et cuius opinionem secutus sum quasi semper» (cf. *Fratis Johannis de Serravalle, Translatio et Comentum totius libri Dantis Aldigherii cum textu italico Fratis Bartholomei a Colle*, a cura di Marcellino da Civezza e Teofilo Domenichelli (Prati: ex officina libraria Giachetti, Filii et Soc., 1891), p. 570.

Indipendenza del commento di Benvenuto da quello del Boccaccio

Evidentemente nel disprezzo mostrato verso i precedenti commentatori è da escludersi quello verso il suo «venerabilem praeceptorem meum Boccatium de Certaldo» (Lac., I, 79).

Ma si è scritto e si continua a scrivere che Benvenuto molto ha preso dal commento del Certaldese.

La supposizione potrebbe esser derivata dallo stesso Benvenuto, che in un passo del commento ci dice d'aver ascoltato in Santo Stefano a Firenze le letture dantesche del Boccaccio (98). In verità, tracce di queste letture sono minime nel commento dell'imolese, ed egli deve averne ascoltate pochissime, senza contare che non è improbabile che egli avesse già completato le proprie.

Non c'è alcun dubbio che Benvenuto si sia servito di opere del Boccaccio, quali la *Vita di Dante,* il *De Genealogiis Deorum,* il *De Montibus, Silvis, Fontibus, etc.,* il *De Casibus* e le altre opere latine, dalle quali egli riprende tratti, anche molto ampi, ad litteram; ma quanto al commento scritto è assolutamente da escludersi che egli l'abbia conosciuto.

Un argomento probante potrebbe derivare come conseguenza dall'accurato lavoro del Padoan sul commento boccaccesco alla *Commedia;* dove risulta che il manoscritto del Boccaccio è stato pubblicato molto tardi dopo la morte dell'autore, a causa di una controversia legale sull'assegnazione ereditaria di queste cartelle, sorta tra Martino da Signa ed alcuni nipoti del Boccaccio (99).

---

(98) «Modo in interiori circulo est Abbatia monachorum sancti Benedicti, cuius ecclesia dicitur Sanctus Stephanus, ubi certius et ordinatius pulsabantur horae quam in aliqua alia ecclesia civitatis; quae tamen hodie est satis inordinata et neglecta, ut vidi, dum audirem venerabilem praeceptorem meum Boccacium de Certaldo legentem istum nobilem poetam in dicta ecclesia» (Lac., V, 145).

(99) Giorgio Padoan, *L'ultima opera di Giovanni Boccaccio: Le Esposizioni sopra il Dante* (Padova: Cedam, 1959), p. 4.

Certo il precedente argomento potrebbe essere inficiato dal fatto che Benvenuto avrebbe potuto ricevere sotto mano, forse anche dal Boccaccio stesso, queste cartelle; ma vi sono sicuri elementi interni nelle chiose del Rambaldi che escludono da parte sua una conoscenza del commento scritto dal Boccaccio.

Iniziamo con il caso che più fa sospettare una dipendenza di Benvenuto dal Boccaccio: costui, e costui soltanto, aveva trovato strano l'attacco del canto VIII dell'*Inferno* («Io dico seguitando...») e l'aveva spiegato col fatto che Dante avesse iniziato la *Commedia* prima dell'esilio completando l'intero canto settimo dell'*Inferno*. In seguito alla rapina dei suoi beni, dopo la cacciata da Firenze, qualcuno sarebbe riuscito a salvare —secondo questa teoria— il lavoro che avrebbe inviato al poeta in esilio presso i Malaspina; Dante avrebbe potuto, così, insperatamente continuare il poema, significando con le prime parole («Io dico seguitando...») l'inizio dopo la lunga interruzione.

Ora precisamente lo stesso si trova nel commento di Benvenuto all'inizio del canto VIII dell'*Inferno* e la conclusione è logica: Benvenuto avrebbe preso dal commento del Boccaccio.

È, invece, da notare che il Boccaccio presenta il racconto citato in due opere: nella *Vita di Dante,* scritta circa l'anno 1353 (100), e, naturalmente, nel *Commento alla Commedia* (101), letto venti anni dopo. Se in sostanza la narrazione rimane la stessa in ambedue le versioni, alcuni elementi singoli differiscono in esse. Così: 1) nella *Vita di Dante* il Boccaccio scrive che è un ignoto a ricuperare i sette canti; nel commento invece è un nipote dell'Alighieri, dal nome Andrea

---

(100) *Il Comento di Giovanni Boccacci sopra la Commedia... preceduto dalla Vita di Dante Allighieri scritta dal medesimo,* cit., vol. I, pp. 59-61.
(101) *Ibid.,* vol. II, pp. 129-134.

di Leon Poggi; 2) ancora, nella prima versione è indetermina-
to lo spazio di tempo tra l'assalto alla casa del poeta ed il ricupero dei sette canti; nel Commento invece è chiaramente
espresso lo spazio di tempo in un periodo di «cinque anni o
più». Ora, nel commento di Benvenuto il racconto è riportato
precisamente con quegli stessi elementi che presso il Boccaccio si riscontrano nella *Vita di Dante* e non nel *Commento.*
Inoltre, la stessa narrazione contenuta nel Commento boc-
caccecso presenta due elementi che chiaramente escludono
la possibilità che questo possa essere stato visto dall'imolese.
Il primo è la menzione del nome della moglie di Dante, Gemma (102), di cui non vi è alcun cenno nella Vita nè in
alcun'altra opera del Boccaccio; e Benvenuto chiaramente
ignora il nome della moglie dell'Alighieri; l'unica volta che
menziona il nome di Gemma, lo attribuisce alla madre del
poeta (Lac., I, 287). Il secondo è nella conclusione del racconto
suddetto del *Commento,* in cui il Boccaccio esprime forti
dubbi sulla veridicità di ciò che gli è stato narrato; ed i dubbi
gli provengono da quel che nel canto VI dell'*Inferno* (uno
dei canti che sarebbe stato scritto prima dell'esilio) Ciacco
già predice al poeta sui primi anni dopo la cacciata da Firenze:
«Certa cosa è —conclude giustamente il certaldese— che
Dante non aveva spirito profetico, per lo quale egli potesse
prevedere e scrivere; e a me pare esser molto certo, che egli
scrisse ciò che Ciacco dice, poi che fu avvenuto; e però mal
si confanno le parole di costoro con quello che mostra essere
stato» (103). Ora se Benvenuto, con quello spirito di indagine
pertinace (e diremmo quasi di pignoleria) che lo contrad-
distingue nello scrutare le chiose degli altri commentatori,
avesse letto nel Boccaccio una tanto logica osservazione, è
impensabile che si fosse astenuto dal notarla nel suo com-

---

(102) *Ibid.,* vol. II, p. 130.
(103) *Ibid.,* vol. II, p. 133.

mento, specialmente quando si pensa che egli l'aveva accettata proprio fidando sull'autorità del maestro certaldese. Anzi, perfino quando chiosava il canto XVII del *Paradiso* —forse intorno agli anni '84-'85, quasi due lustri dopo la morte del Boccaccio— Benvenuto ancora credeva alla storia dei canti lasciati a Firenze (104).

Numerosi altri accenni nel commento di Benvenuto escludono un qualunque avvicinamento da parte sua al commento del Boccaccio, ma sarebbe prolisso riportarli qui; finiamo rilevando soltanto due caratteristiche che si mantengono costanti nel commento benvenutiano e che confermano indubitatamente la nostra asserzione. Una è che quelle osservazioni chiosastiche nel commento boccaccesco provenienti da proprie esperienze, e che si riscontrano parallelamente nel commento di Benvenuto, sono da costui introdotte con la formula «ut mihi narrabat suavissimus Boccatius», «ego audivi a bono Boccatio» (105) ecc., il che sta ad indicare non una fonte letteraria ma precisamente una derivazione orale, cioè evidenti conversazioni con diretti scambi di idee intorno a passi della *Commedia*. Un'altra è che quei tratti del commento di Benvenuto paralleli a quelli del Boccaccio e contenuti in qualche altra opera di questi, sono riportati nelle chiose benvenutiane secondo le varianti presenti nelle altre opere del Boccaccio e mai secondo il commento. Ciò esclude necessariamente qualunque conoscenza da parte del Rambaldi delle chiose scritte del Boccaccio.

Ci sembra invece di dover suggerire la possibilità —fino adesso mai sospettata— di un'influenza di Benvenuto sul Boccaccio. Si è accennato antecedentemente come il Rambaldi

---

(104) Cf. Lac., V, 193: «*Tu lascerai ogni cosa diletta più caramente*, sicut filios, uxorem, patriam, parentes, amicos; immo autor dimisit in patria istud nobile opus inchoatum, quod super omnia diligebat, et tamen recuperavit, sicut scriptum est Inferni cantica».
(105) Cf. rispettivamente Lac., I, 35; III, 171.

nel '73 abbia potuto aver terminato le lezioni della *Commedia* da leggere a Bologna. Nei suoi certissimi incontri col Boccaccio durante il medesimo anno, reciproche discussioni su punti controversi della Commedia non dovrebbero essere improbabili trovandosi il certaldese, proprio in quel tempo, impegnato con le sue letture dantesche. Una menzione specifica nel commento del Boccaccio ci fa inferire che egli, mentre presentava le sue esposizioni pubbliche in Santo Stefano di Badia, doveva conoscere qualcosa delle prelezioni dantesche del Rambaldi. Nelle chiosa al noto verso *Inf.* III, 60 («Colui che fece per viltade il gran rifiuto») il Boccaccio, dopo aver spiegato —mantenendosi sulla opinione comune— trattarsi di Celestino V, allude infine ad un'altra ipotesi: «Altri voglion dire questo cotale, di cui l'autore senza nominarlo dice che fece il gran rifiuto, essere stato Esaù figliuolo d'Isac» (106). Ora, non v'era nessun altro al di fuori di Benvenuto che avesse mai espresso tale opinione sul dibattuto verso dantesco. Il Boccaccio perciò non poteva apprenderlo altrimenti. Il commentatore imolese fin dalla prima redazione confuta le altre identificazioni e presenta come propria precisamente l'attribuzione ad Esaù (107). Aggiungiamo che in un codice della Marciana (Venezia) contenente alcune postille marginali all'*Inferno* —probabilmente scritte ancora vivente l'imolese— l'ipotesi dell'identificazione del verso dantesco per Esaù è attribuita come esclusiva a Benvenuto da Imola (108).

---

(106) *Il Comento di Giovanni Boccacci sopra la Commedia... preceduto dalla Vita di Dante Allighieri scritta dal medesimo*, cit., vol. I, p. 268.
(107) *La Commedia di Dante Alighieri col commento inedito di Stefano Talice da Ricaldone*, a cura di Vincenzo Promis e Carlo Negroni, cit., vol. I, pp. 45-46.
(108) *Codice Marciano Zanetti LIV;* vedi: A. Fiammazzo e G. Vandelli, «Contributi all'edizione critica della Divina Commedia: I codici veneziani», in *Bullettino della Società Dantesca Italiana*, I Serie: Studi No. 15 (1899), p. 79.

Capitolo III

IL COMMENTO NEI SUOI ELEMENTI INTERNI

Con Benvenuto il commento alla *Commedia* raggiunge, per la prima volta nella sua storia, la sua completezza. Il poema è interamente commentato nelle sue tre cantiche. Ogni parola, dal primo verso all'ultimo, passa sotto la penna del commentatore per l'esplicazione; ogni chiosa si fa insieme espositiva e interpretativa; e la sentenza viene analizzata e circostanziata nei suoi aspetti letterario, storico, etico, psicologico.

DIVISIONE GENERALE DELL'OPERA

Il commento è preceduto da una lunga introduzione, divisa in tre parti ben distinte:

— Dedica al Marchese Niccolò d'Este,
— Pregi dell'autore e della sua poesia,
— Esplicazione dei caratteri essenziali del poema.

1) La dedica inizia con sei esametri in lode del Marchese e continua con una lettera nuncupatoria in cui: è esaltata la magnanimità degli Estensi, di cui il comentatore rifà sommariamente la storia dalle origini a Niccolò II; è accentuata

l'opera educatrice della poesia ma anche la sua difficoltà a comprenderla pienamente; infine è dichiarato lo scopo del lavoro: delucitare o svelare, della poesia, i sensi nascosti: «Figmenta evolvere, figmentorum integumenta eliciere, elucidans et obscura variis velata figuris, multiplicibus sensibus involuta latentibus» (Lac., I, 5).

2) L'*oratio* sui pregi di Dante (*commendatio Dantis* e della sua poesia) sono introdotti con un passo preso dal commento di Averroè alla poetica d'Aristotele: «Ipse est mare inundans, undique venientium indigentias replens affluenter et copiose». L'enunziato è scomposto in tre parti, in ciascuna delle quali è presentata una delle qualità essenziali della personalità poetica dell'Alighieri:

a) Profondità («Ipse est mare inundans») della materia, speculativamente meditata; «historice, allegorice, tropologice, anagogice» descritta, in cui pienamente concordano sapienza e eloquenza.

b) Utilità («undique venientium indigentias replens») che ne viene al lettore e che si esplica particolarmente per le doti d'invenzione, d'istruzione e di correzione, insite nell'opera.

c) Fertilità («affluenter et copiose») nel senso di vastità del campo d'interese della poetica, per cui non è compresa tra le arti liberali perchè tutte le supera e le include (secondo una dottrina che veniva a Benvenuto dal Petrarca) (1).

3) La terza parte dell'introduzione concerne l'esplicazione dei caratteri generali di ciascun'opera letteraria: «Primo, quis libri autor; secundo, quae materia; tertio, quae intentio; quarto, quae utilitas; quinto, cui parti philosophiae supponatur; sexto, quis libri titulus» (Lac., I, 11).

---

(1) Lett. del Petrarca, *Sen.*, XIV, 11.

a) Quanto al nome dell'autore, il commentatore ne distingue il significato verbale dalla professione.

Per il significato verbale, mantenendosi sull'asserto «est nomem consequens rei» (Lac., I, 11) Benvenuto lo mette in rapporto naturalmente con l'opera: Dante = *dans se ad multa* (in quanto alla enciclopedica erudizione dantesca); ed anche: Dante = *dans theos* (per la particolare conoscenza teologica del poeta); Alighieri = *alta digerens vel alia digerens* (Lac., I, 12), rapportato alla superiorità sugli altri poeti.

Riguardo alla professione di poeta, Dante era predestinato fin dalla nascita: viene riportata la leggenda del sogno della madre di Dante, a cui in un prato sotto un alto lauro nei pressi d'una fonte, sembrò partorire un bimbo, che, nutrito delle bacche del lauro e della limpida acqua della fonte, divenne d'istante un pastore; questi sforzandosi di raggiungere le frondi del lauro, cadeva per risorgere immediatamente trasformato in pavone (simbolo delle caratteristiche della *Commedia*). L'intera storia è presa di peso —con tutta la sua frondosa allegoria— dalla *Vita di Dante* del Boccaccio. Benvenuto, che altrove si mostra scettico nei confronti di simili storie, doveva forse accettare questa sull'autorità del Boccaccio, ma anche perchè, pensiamo, essa poneva Dante sulla dimensione ideale del mito poetico di Virgilio, quale egli poteva ritrovare illustrato nel commentario di Filargirio (2).

---

(2) Cf. «Iunii Philargyrii Grammatici, Explanatio in Bucolica Virgilii», in *Servi Grammatici qui ferentur in Virgilii Carmina Commentarii*, recenserunt Georgius Thilo et Hermannus Hagen (Lipsiae: in aedibus B. G. Teubneri, 1902), vol. III, Fasc. II Appendix Serviana, pp. 2-3, col. I: «Pregnans autem mater eius somniavit enixam se laurum ilico in speciem materiae arboris refertaeque variis pomis ac floribus transfiguratam, et cetera vidisse in somniis de eodem puero, quae hic non sunt». Sebbene Benvenuto non menzioni mai Filargirio per nome, tuttavia nel commentario alle Egloghe di Virgilio mostra una perfetta conoscenza di lui (come anche degli altri due primi commentatori virgiliani Gallo e Gaudenzio), cf. Fausto Ghisalberti, *Le chiose virgiliane di Benvenuto da Imola*,

b) Nell'analizzare la materia del poema, Benvenuto fissa le linee esplicative, che inserirà nelle chiose, circa il pluri-senso della *Commedia*. Il soggetto del poema è lo stato dell'anima umana. Tale stato è duplice: l'anima congiunta al corpo —l'anima separata dal corpo. Il primo stato si esplica in questa terra; il secondo si svolge dopo la morte. In ciascuno di essi l'anima umana può trovarsi in una situazione o di *Inferno* o di *Purgatorio* o di *Paradiso*. L'anima separata dal corpo si trova naturalmente —a seconda dei meriti o deme-riti— o nell'*Inferno* reale o nel *Purgatorio* reale o nel *Paradiso* reale, che, nel commento, Benvenuto chiamerà *Inferno* essen-ziale o *Purgatorio* essenziale o *Paradiso* essenziale (secondo una terminologia che trovara in Pietro di Dante) (3). Inoltre, l'anima congiunta al corpo, cioè in terra, può trovarsi ugual-mente in un *Inferno,* quando è in peccato; in un *Purgatorio,* quando si esercita nella virtù; in *Paradiso,* quando vive in uno stato di grazia; ebbene, si ha allora nel poema l'*Inferno* morale o il *Purgatorio* morale o il *Paradiso* morale.

Questa distinzione è senz'altro l'interpretazione di quel che Dante ha scritto, sui sensi di un'opera letteraria, già nel *Convivio* e, *ad hoc* per la *Commedia,* nella lettera a Can Grande Della Scala (4). Benvenuto la trovava già in Guido da Pisa e in Pietro di Dante (5).

Spesse volte, lungo il poema, il Rambaldi si richiama a questa divisione; con essa spiega situazioni intricate d'esegesi,

---

Pubblicazione della reale Accademia virgiliana di Mantova —Serie miscellanea— Mantova (1930), vol. IX, p. 75.

(3) *Petri Allegherii super Dantis ipsius genitoris Comoediam Commentarium,* curante Vincentio Nannucci (Florentiae: apud An-gelum Garinei, 1845), pp. 3-4.

(4) *Convivio, II, i, 15; Epist. ad Can. Gran. de la Scala,* 8.

(5) Cf. *Guido da Pisa's Expositiones et Glose super Comoediam Dantis or Commentary on Dante's Inferno,* a cura di Vincenzo Ciof-fari (Albany, New York: State University of New York Press, 1974), pp. 2-3; *Petri Allegherii super Dantis ipsius genitoris Comoediam Commentarium,* cit., pp. 3-4.

che altrimenti —almeno secondo il commentatore— farebbero cadere Dante in aperta contraddizione: come nella chiosa ai versi 5-6, *Par.* XVI («io me ne gloriai là dove appetito non si torce»), dove Dante avrebbe esperimentato in cielo un appetito terreno:

«Sed hic statim oritur pulcra quaestio: quomodo autor potuit habere appetitum inanis gloriae sanguinis, cum talis nobilitas [*altro codice* «voluntas] (6) non sit ibi, nec etiam posset ibi appeti, quia ibi non potest esse peccatum? Dicendum breviter quod autor loquitur de paradiso *morali;* erat enim nunc mentaliter non realiter, nec vero in coelo. Modo autor non vult addicere [*altro codice* «aliud dicere»] (7) nisi quod tantus et tam fortis est appetitus gloriae, quod non solum invadit mentes terrenas hominum vacantium vanis mundi, sed etiam mentes coelestes vacantium speculationi divinorum, sicut philosophorum et theologorum. Nam multi magni et sancti doctores fecerunt libenter memoriam et laudem de suis parentibus et praedecessoribus; ex hoc forte nimium gloriati et super veritatem» (Lac., V, 156).

Insomma il verso è scritto dall'autore in riferimento ad un'azione umana attuata in terra, cioè in un *Paradiso morale* non *essenziale,* altrimenti il concetto conterrebbe una *contradictio in terminis,* in quanto Dante esperimenterebbe ciò che non è sperimentabile in un *Paradiso essenziale.* Più caratteristico è un'altro esempio, in cui il commentatore trova nel dettato dantesco una patente eresia: secondo i versi 107-108, *Inf.* XIII, i corpi dei suicidi, dopo la risurrezione finale, rimarranno appesi al loro «pruno» per l'eternità, il che è contro il dogma di

---

(6) *Cod. Estense* di Modena (numero 4 della nostra serie, cf. *supra,* capitolo I, p. 29).

(7) *Cod. Estense* di Modena.

fede che i corpi si riuniranno all'anima. Il commentatore tenendo per fermo che Dante era rigidamente «catholicus» e non ignorava il dogma, presenta una dettagliata delucitazione secondo cui il passo sia da intendersi in senso di *Inferno morale* e non *essenziale;* tuttavia la spiegazione, sebbene «subtilissima et pulcerrima», cozza contro un elemento interno del testo (v. 103 «Come l'altre verrem per nostre spoglie»), ed allora Benvenuto rielabora una curiosissima chiosa: cioè, in realtà non è vero che così succeda, ma sono i dannati —infatti è Pier delle Vigne che così afferma— che credono che sia così; se avessero creduto il vero, non si sarebbero mai suicidati:

«Sed circa istum passum fortem et arduum, quo nullus reperitur fortior in toto poemate isto, est totis viribus animi insistendum, quia illud quod autor hic dicit non solum videtur erroneum, sed expresse haereticum. Quod enim animae istorum non reindunt carnem suam est contra fidem omnino, nec autor fidelis christianus potuit vel debuit hoc dicere. Ad hoc respondent comuniter omnes, quod autor hoc finxit ad detestationem tanti sceleris, sed non valet, quia anima reconiuncta corpori magis torquebitur; ergo ad augmentum maioris poenae deberet potius dici, quod reindunt carnem. Sed videtur quod possit dici subtilius, videlicet quod autor hic, sicut et in caeteris poenis aliorum viciorum loquitur de inferno morali, sicut jam patuit supra in omnibus; nam moraliter loquendo animae caeterorum habent istam praerogativam, quod possunt emendari et sanari, sicut luxuriosus potest fieri continens; gulosus sobrius; avarus et prodigus, liberalis; superbus potest humiliari; accidiosus exercitari; iracundus refroenari; ita haereticus potest resurgere ex sepulcro aperto, et discooperto; vir sanguinum potest exire de valle sanguinis quamtumcumque sagittetur a centauris. Et sic breviter omnes peccatores mortui spiritualiter in quocumque genere peccatorum possunt resurgere, scilicet per poenitentiam et emendationem bonam redeundo ad vitam et gratiam. Sed haec est poena infelicissima et damnatissima desperatorum, quod numquam possunt amplius resurgere, cum amplius non sit poenitentiae locus; et secundum hoc dicemus, quod autor per mortem realem dat intelligi mortem moralem; similiter per resurectionem futuram mortuorum dat intelligi resurrectionem moralem; et sic dicemus quod autor loquitur poetice et figurate, quia aliter non esset poeta si loqueretur aperte, et sic nititur absterrere omnes a desperatione. Sed licet ista expositio videatur subtilissima et pulcerrima, non tamen videtur esse de mente autoris, neque litera patitur eam, quae dicit: *come l'altre verrem per nostre spoglie;* et tamen moraliter loquendo animae omnium aliorum non resurgunt de inferno vitiorum, imo paucissimi sunt resurgentes ab ista morte tali, nisi forte tu dicas, veniunt, idest venire possunt. Sed ista est nimis violenta expositio: ideo, omissis omnibus opinionibus et expositionibus omnium, dico breviter et tute, quod autor artificiose fingit istum desperatum dicere hoc, non quia sit verum, sed quia sic credidit; nam si credidisset resurrectionem corporum, numquam se occidisset, imo forte si credidisset animam immortalem passuram poenam post resurrectionem, numquam hoc fecisset; sed quia credebat suam poenam et miseriam finiri per mortem, sicut ipse jam supra dixit, ideo mortem in furore petiit. Non ergo oportet hic amplius frangere caput, aut calumniari autorem, sicut quidam temere faciunt; nam si non possunt intelligere fictionem autoris, tamen debent ipsum defendere, imaginantes quod autor semper fuit catholice locutus ubique, ut patet per totum, et quod non dixisset hoc sine quare, quia non ignorabat in facto fidei illud quod sciunt etiam vitulae, scilicet quod omnes animae resument corpora in die novissimo» (Lac., I, 448-450).

Da questa divisione il commentatore prende naturalmente

l'occasione per mostrare l'eccezionale grandezza del poeta Dante. Omero e Virgilio avevano cantato soltanto l'inferno *morale*, i teologi e i dottori della Chiesa soltanto quello *essenziale*, il nostro poeta «utrumque Infernum describit» (Lac., I, 16).

c) L'intenzione dell'opera: «Facere hominem bonum... mordere viciosos... honorare virtuosos, et cum hoc sibi ipsi perpetuam gloriam propagare» (Lac., I, 17). Quest'ultima osservazione —accennata dal Boccaccio— (8) è ribadita insistentemente da Benvenuto lungo il commento. È di mera sensibilità umanista.

d) L'utilità: «cognitio humanae felicitatis» (Lac., I, 17). Questa non è espressamente enunciata tra i sei caratteri generali di ogni opera letteraria —sebbene ne risulti come conseguenza— nè da Dante nella lettera a Can Grande (ove è inserita però come una delle tre parti necessarie per un buon «esordio») (9), nè dai commentatori che hanno immediatamente preceduto Benvenuto; la ritroviamo soltanto nel proemio di Jacopo della Lana (10).

e) L'aspetto filosofico del poema è da Benvenuto ampliato rispetto ai suoi predecessori ed a Dante stesso, che lo restringevano alla sola filosofia etica. Per l'imolese invece: «Liber iste supponitur omnis parti philosophiae, et primo Ethicae, in quantum tractat de actibus humanis, puta de viciis

---

(8) Cf. *Il Comento di Giovanni Boccacci sopra la Commedia... preceduto dalla Vita di Dante Allighieri scritta dal medesimo*, per cura di Gaetano Milanesi (Firenze: Felice Le Monnier, 1863), vol. I, p. 58.
(9) *Let. Can. Gran. de la Scala*, 19.
(10) Cf. *Comedia di Dante degli Allagherii col Commento di Jacopo della Lana*, a cura di Luciano Scarabelli (Bologna: Tipografia Regia, 1866), vol. I, p. 103.

et virtutibus: Methaphisicae et Theologiae, in quantum tractat de Deo et substantiis separatis, sive angelis: et interdum
Phisicae, quoniam scilicet interserit quaedam naturalia: tamen
proprius et principalius supponitur Ethicae, ut per se patet»
(Lac., I, 17) (11).

f) Il titolo «Commedia» è scelto in relazione alla lingua
adoperata non al genere poetico. *Commedia* dunque perchè
scritta in volgare, il quale «est humilis respectu litteralis»,
ma il commentatore tiene ad aggiungere «quamvis in genere
suo sit sublimis et excellens» (Lac., I, 19). In quanto al genere
poetico la *Commedia* contiene tutti e tre gli stili letterari:
è Tragedia («stylus altus et superbus; tractat enim de me-
morabilibus et horrendis gestis»); è Satira («stylus medius
et temperatus, tractat enim de virtutibus et viciis»); è Commedia («stylus bassus et humilis, tractat enim vulgaria et
vilia» (Lac., I, 18). Non vuole però differenziarsi del tutto
dal pensiero dell'autore, così non dimentica di aggiungere
l'accenno di Dante nell'epistola a Can Grande: «Potest etiam
dici quod sit Comedia, nam secundum Isydorum Comedia incipit a tristibus et terminatur ad laeta» (Lac., I, 19).

Il Rambaldi segue dunque sostanzialmente la lettera a
Cangrande, sulle orme —e non c'è dubbio alcuno— di Pietro
di Dante e di Guido da Pisa.

---

(11) L'idea piacque al Salutati —l'aveva letta nel 1383 nel proemio inviatogli da Benvenuto per un giudizio— che la ripropose
splendidamente nel 1399 in una lettera a Nicola Tuderano; cf. *Epistolario di Coluccio Salutati,* a cura di Francesco Novati (Roma:
Forzani e C. Tipografi del Senato, 1893), vol. III, p. 373; il passo
già pubblicato dal Mehus, cf. Lorenzo Mehus, *Ambrosii Traversarii
Generalis Camaldulensium aliorumque ad ipsum, et ad alios de
eodem Ambrosio Latinae Epistolae... Adcedit eiusdem Ambrosii
vita in qua Historia litteraria Florentina ab anno MCXCII usque
ad annum MCDXXXIX ex monumentis potissimum nondum editis
deducta est...* (Florentiae: ex Typographio Caesareo, 1749), p.
CLXXVIII.

8

Ma rispetto ai suoi predecessori egli presenta segni evidenti di nuovi interessi e particolari sensibilità.

Sebbene egli cammini ancora sulle linee generali della retorica medioevale, rimanendo attaccato a vecchie formule stabilizzate nella tradizione dei commentari, quali: il Prologo d'inizio; la struttura dell'«oratio» (il Salutati gli rimprovererà la puzza di fratesco) (12); il fine del commento («figmenta evolvere —elucidans obscura»): i sei fattori da esplicarsi; le loro relative definizioni, con conseguenti divisioni e suddivisioni; alcune etimologie (non senza però qualche intuizione dotta) (13); purtuttavia si manifestano chiaramente nel commento nuove forme. Il prologo stesso costituisce come un pronao all'edificio intenzionalmente composto di parti ben definite, mentre nei suoi predecessori tutto era accozzato in un proemio-sermone d'introduzione. Vengono introdotti per la prima volta versi aulici latini, e, si noti, classicamente in esametri e non più in versi leonini. Il tema dell'*oratio* non più desunto da un passo della Scrittura, ma da un autore profano, nel caso presente, da Averroè. L'autore viene per primo nella distribuzione dei fattori costitutivi di un'opera letteraria (staccandosi dalla stessa lettera di Dante a Cangrande), e Benvenuto tanto ci teneva ad una scala di valori nella classificazione di preminenza. Questi stessi fattori sono presentati in schematico elenco di puri nomi per una strutturale praticità retorica, e non più invischiati nella complessità della terminologia scolastica (come è ancora in Guido, Pietro e perfino nel Boccaccio) (14). Anzi egli insisterà su l'«utilità

---

(12) «Noli fratum religiosorum morem sequi», cf. *Epistolario di Coluccio Salutati*, a cura di Francesco Novati, cit., vol II, p. 78.

(13) Come, per esempio, per il nome «Cantica»: «Sicut enim in Sacra Scriptura quidam liber Salomonis appellatur *Cantica Canticorum* per excellentiam, ita iste liber in poetria» (Lac., I, 18).

(14) Nei precedenti commentatori i fattori di un'opera vengono inseriti nella classificazione di «causa efficiens, causa materialis, causa formalis et causa finalis».

dell'opera», elemento che nei suoi predecessori come anche in Dante era di carattere vicario e derivativo; e nell'interno della sua definizione Benvenuto inserisce uno dei temi più sensibili alla nascente società letteraria di provenienza petrarchesca: la gloria. Egli difatti parla sì dell'impegno etico dell'opera letteraria: «facere hominem bonum [si noti intanto il singolare, di assoluto gusta rinascimentale]... mordere viciosos... honorare virtuosos», ma aggiunge immediatamente: «et cum hoc sibi ipsi perpetuam gloriam propagare», il che a noi oggi potrebbe perfino sembrare un'insinuazione maliziosa. Ed infine, cosa molto più significativa, egli tende a dare alla poesia una funzione molto specifica sottraendola alle congerie dei riferimenti eruditi ed allotri. Lo stesso accostarsi a Guido da Pisa e a Pietro di Dante, non era stata una scelta fatta a caso. Il dotto carmelitano, con *La Fiorita* o *Fiore d'Italia,* s'era avvicinato agli antichi con una nuova coscenza storica, e aveva perfino inserito nel suo commento dantesco tra i fini del poema —anticipando gusti e interessi che saranno messi a fuoco dal Petrarca— «Secundus finis est ut libros poetarum, qui erant totaliter derelicti et quasi oblivioni traditi, *in quibus sunt multa utilia et ad bene vivendum necessaria,* renovaret, quia sine ipsis ad cognitionem sue Comedie non valemus» (15), e per primo, con straordinaria intuizione, aveva scritto di Dante poeta: «Ipse enim mortuam poesiam de tenebris reduxit ad lucem» (16), espressione che incontrerà larga fortuna. Pietro di Dante, influenzato dal contatto con l'ambiente padovano, aveva apprestato un commento infoltito di richiami classici, suscitati dal dettato del padre.

A dire il vero, la teorica poetica che Benvenuto esprime nel commento, trattando ex professo del soggetto, non si

---

(15) *Guido da Pisa's Expositiones et Glose super Comediam Dantis or Commentary on Dante's Inferno,* cit., p. 4.
(16) *Ibid.,* loc. cit.

allontana da quanto aveva professato in materia di poetica il frate pisano e da ciò che aveva riportato nella *Vita di Dante* e, più diffusamente, nei libri conclusivi della *Genealogia* il Boccaccio. Benvenuto aveva presentato tali problemi anche al Petrarca prima della lettura bolognese della *Commedia* (17). Il concetto è ancora ristretto ad idee medioevali con la sola urgenza di ricupero della poesia da preconcetti amoralistici.

Ma quando lungo il commento, non più schiavo d'un accademismo d'obbligo, Benvenuto scrive liberamente la sua chiosa eccitato dalla lettera del dettato, sorprendenti rilievi nascono sotto la sua penna: sono percezioni di un intenso sentire poetico che rilevano atmosfere nostalgiche d'ambiente, vivificano inespressi momenti psicologici, ravvivano quadri di natura o colgono la sagomatura potente dei personaggi. Tali percezioni vengono espresse letterariamente con freschezza realistica, con vibrazioni d'imitazione lessicale dantesca, perfino con un semplice suono d'unicità aggettivale. Ne emerge una participazione alla poesia di Dante che mette il lettore in sintonia col poeta.

La modernità di Benvenuto si spinge anche al di là della corrente umanistica; egli cerca di superare qualche preconcetto dell'insorgente società letteraria e tenta il ricupero del volgare di Dante, anche se trattato in filigrana. Sono di strabiliante intuizione il confronto —sull'agone poetico ma in paradigma linguistico— Dante-Petrarca (18); nonchè il trittico —conchiudente una civiltà letteraria ma di chiaro stampo vernacolare— Dante-Petrarca-Boccaccio (19); ambedue i giudizi destinati a lunga fortuna. Più evidente il ricupero del volgare:

---

(17) F. Petrarca, *Let. Sen.*, XIV, 11; cf. anche Lac., I, 10; V, 230.

(18) «Tempore quo florebat Dantes novissimus poeta Petrarcha pullulabat, qui vere fuit copiosior in dicendo quam ipse. Sed certe quanto Petrarcha fuit maior orator Dante, tanto Dantes fuit maior poeta ipso Petrarcha, ut facile patet ex isto sacro poemate» (Lac., IV, 309).

(19) Lac., I, 227; III, 312 e 376; V, 191.

(ancora sotto la suggezione umanistica) «Humilis respectu
literalis quamvis in genere suo sit sublimis et excellens»;
ma più manifesto nel ricupero del volgare dantesco: (ancora
trattato a fil di coltello) «Sicut stylus Virgilii superexcedit
ceteros in litera, ita stylus Dantis in vulgari»; più aperto in
«Dantes, quamvis in litera non superavit alios, tamen in
vulgare trascendit eloquentiam ceterorum»; esplicitamente in
«Nemo unquam poetarum, *nullum excipio,* habuit unquam
tam altam phantasiam, aut tam nobilem materiam scivit, vel
potuit invenire, in qua *tam eleganter tradit* cognitionem rerum
humanarum, et divinarum virtutum, et morum, et omnium
fere actuum humanorum et agibilium mundi» (Lac., I, 12-13)
(20). Lo scarto del mezzo linguistico come paradigma di valore estetico fa di Benvenuto un contemporaneo. Oggi un
dialetto non fa difficoltà per un valore d'arte; anzi forme
originali —quali dalla scapigliatura al plurilinguismo, per citare
le più recenti— non solo non ostacolano un'opera artistica
ma sono un'arte in se stesse.

Al prologo segue il commento alle tre cantiche, ed esso
inizia immediatamente col primo canto. Non vi è particolare
introduzione a ciascuna cantica, ma all'inizio del primo canto
di ognuna vengono premesse alcune linee generali, di caso
in caso diverse per tono e per contenuto. Per l'*Inferno* si
stabilisce semplicente che Dante ebbe la visione nel periodo

---

(20) L'idea venne assimilata e riproposta dal Salutati nella lettera a Nicola Tuderano del 1399: «Illic rhetorica sententiarum, atque
verborum schemata patent tali cultu, quod alibi difficile fuerit
talem et tantum ornatum etiam in summis auctoribus invenire.
Illic omnium aetatum et gentium leges, mores et linguae, miraque
rerum gestarum compendia, quasi stellae quaedam in firmamento
relucent tanta talique maiestate, quod adhuc nullus eum in illo
stylo vel excedere potuit, vel aequare» (cf. *Epistolario di Coluccio
Salutati,* a cura di Francesco Novati, cit., vol. III, p. 373; il passo
già pubblicato anche da Lorenzo Mehus in *Ambrosii Traversarii...
Latinae Epistolae... eiusdem Ambrosii Vita...,* cit., p. CLXXVIII).

del giubileo dell'anno 1300; per il *Purgatorio* vengono distinte tre parti: Antipurgatorio, Purgatorio, Postpurgatorio; per il *Paradiso* invece viene premessa una pagina intera di disquisizione sulla gloria: «appetitus gloriae insitus a natura mentibus hominum», risolta in forma umanistica: «veram igitur qui vult gloriam, veram virtutem petat» (Lac., IV, 291-292).

Da ciò il commentatore passa immediatamente alla nota esplicativa, verbalmente per ciascun verso, inserendo —in un'unica chiosa, a seconda del dettato— notizie aneddotiche, biografiche, erudite. Egli vede l'allegoria in determinati casi, e la risolve senza precisa distinzione di senso anagogico o tropologico; scioglie difficoltà di apparenti contraddizioni facendo ricorso alla distinzione dei due sensi «essenziale» o «morale», assunti per ciascun «regno»; si fa attento alla lettera attardandosi su particolari di tecnica e gusto; si ferma sul vocabolo di dubbia provenienza; non dimentica consigli di filosofia pratica, osservazioni psicologiche, battute umoristiche prese dalla vita d'ogni giorno: tutto distribuito e dosato a seconda del caso particolare.

Originalità del commento di Benvenuto Lettura della *Commedia* in chiave umanistica

La varietà dell'opera e la complessità del dettato fanno il commento benvenutiano singolarissimo ma difficilmente riducibile in schemi. Il lavoro, per il genere composito a cui appartiene esclude la possibilità d'un raggruppamento delle componenti o la loro circoscrizione in una formula di definizione troppo puntuale.

A ciò si aggiungano gli svariati problemi inerenti a questo commento e derivanti —per il particolare momento storico-culturale sullo scorcio del secolo in cui esso fu concepito— da conflitti di gusto e di pensiero (si pensi all'insorgere dell'umanesimo, alla reviviscenza della corrente platonico-ago-stiniana, alla crisi della scolastica), da instabilità d'interessi e da dimensioni di valori difficilmente controllabili in una so-cietà in progresso ma con profonde radici nel passato.

Tuttavia, anche ad una semplice lettura, alcuni fattori saltano immediatamente all'occhio e staccano il commento del Rambaldi dai precedenti, sancendo moduli interpretativi ed esigenze nuove nella storia del commento secolare.

Vorremmo brevemente cogliere la presenza di queste istanze critiche che fissano caratteri particolari e rendono originale la lettura dell'imolese.

A visualizzare e rendere definibile l'impronta nuova, o ancor meglio gli apporti del Rambaldi nella storia del com-mento dantesco, ci fermeremo ad esaminare come sono trat-tati dal chiosatore quei caratteri essenziali-generali che con-dizionano la struttura di ogni commento; esattamente: *a*) la metodologia esplicativa, *b*) l'azione episodico-narrativa, *c*) l'uni-tà dell'opera nella connessione delle parti.

a) *Metodologia esplicativa.*

Gli interessi del Rambaldi nell'esplicazione della chiosa mutano e di numero e di scelta rispetto ai precedenti com-mentatori. Tali interessi derivano dagli atteggiamenti culturali della nuova società letteraria, avvertiti inizialmente dalla scuo-la di Padova e di Bologna; sanciti e consacrati da maestri che avevano dato direzione alla cultura del secolo: Petrarca, Boc-caccio, Salutati; e che avevano preparato l'imolese a rileg-gere la *Commedia* con occhi nuovi.

Accenneremo per primo —e già se ne è parlato altrove— alla tecnica espositiva chiosastica nella singola analisi verbale del verso, per cui il testo passa, parola per parola e tutto intero, al vaglio del commentatore, il quale, senza spezzare il discorso del dettato, ne rileva i diversi valori esegetici. Questa tecnica che in precedenza era applicata solo ai classici, ai poemi, cioè, scritti *literaliter,* ora da Benvenuto è trasportata ad un lavoro scritto *vulgariter,* la *Commedia,* di cui viene in tal modo sancita la classicità. La critica suole attribuire tale priorità al Boccaccio, ma abbiamo avuto già modo di dire quanto ciò sia improprio (21).

Quanto all'attenzione grammaticale, sintattica, retorica, lessicale del dettato e ai connessi rilievi caratterizzanti la poesia, occorre dire che:
— Benvenuto rileva i suoi interessi per la grammatica poetica fin dalle prime parole del commento: (*Inf.* I, 4) «*Ah! quanto:* hic autor descripturus istam sylvam, primo vult ostendere quam sit difficile et laboriosum describere ipsam; ideo incipit ab exclamatione, dicens cum admiratione: ah quam durum est dicere qualis erat ista via viciorum! Et hic nota, quod ista litera *Ah* in pluribus textibus reperitur corrupta sic: *E quanto a dir;* quod nullo modo stare potest, quia numquam litera posset construi, et tota omnino remanet suspensiva, et etiam illud *E* non haberet quid copularet. Unde necessario debet dici *Ah,* vel *Ahi* exclamative, quod tantum valet in vulgari florentino; et est adverbium admirantis sive dolentis» (Lac., I, 25). È messa qui in risalto la figura grammaticale ed il commentatore se ne serve per ricostruire il testo e per rilevare l'accezione d'uso nel volgare fiorentino. Egli arriva perfino a quel che potrebbe sembrare, a volte, speciosa pedanteria come quando di Malebolge fa notare: «est nomen compositum singularis numeri» (Lac., II, 2). Ma a ciò lo spinge il fatto che proprio per aver capito male tali forme grammaticali sono sorte errate interpretazioni del dettato dantesco: (*Inf.* I, 79-81, «Or se' tu quel Virgilio e quella fonte... *rispuos'io lui* con vergognosa fronte») «Et dicit, *ri-*

---

(21) Cf. *supra,* capitolo II, p. 71.

sposi lui, idest ego Dantes respondi sibi in suprascripta forma... Et adverte quod Lombardi et multi italici debent supplere in litera unum *a,* et dicere, *risposi a lui;* nam Florentini utuntur praedicto modo loquendi trunco in tali vulgari, sicut poteris videre in multis locis istius libri. Et non sine quare hoc dixerim, cum audiverim aliquos Lombardos non intelligentes istum modum loquendi, qui pervertebant sententiam literae, et dicebant quod Virgilius respondet autori cum verecunda fronte, affirmans: ego sum ille, qui laudatus erubuit inclinato capite. Sed, sicut dixi, Dantes est qui loquitur, non Virgilius; ideo illa expositio nihil valet» (Lac., I, 50-51).

— Egli è il primo a disporre la sentenza del verso secondo la costruzione sintattica della proposizione («construe literam sic» e anche «ordina literam ne perdas tempus et dicas»); e, si badi, non per puro amor di retorica, ma perchè da un diverso ordine potrebbe derivare una differente accezione della lettera: «Et nota quod praedicta fictio figurat quod in die iudicii avarus damnabitur propter nimis retinere, prodigus vero propter nimis dare; unde subdit: *mal dare e mal tenere ha tolto loro,* idest abstulit *lo mondo pulcro,* idest Paradisum; vel construe et expone literam sic: *mal dare e mal tenere lo mondo pulcro,* idest mundum sive mundana, quae de se sunt pulcra et bona si homines non abuterentur ipsis, *ha tolto loro,* idest accepit eos, *e posti a questa zuffa,* idest destinavit eos ad istam pugnam et poenam» (Lac., I, 257). Donde è chiaro che dalla disposizione sintattica di «lo mondo pulcro» (preso in forma soggettivale, nel primo caso; o come «oggetto», nel secondo) può derivare un differente significato. Mentre in questo caso, l'opzione nella valutazione dei significati è lasciata al lettore, in altri l'intervento del commentatore è assai più drastico poichè egli interviene in modo deciso per stabilire un ordine di preferenze e per rintuzzare errate interpretazioni suggerite al lettore.

— Continuamente fa notare i colori retorici del discorso

(chiamati precisamente così dal commentatore; Lac., I, 93),
quali: la «conformatio» (Lac., I, 106), la «repetitio» (Lac., ib.),
la «pronuntiatio» (Lac., I, 110), la «transitio» (Lac., I, 95),
la «transumptio» (Lac., I, 55), l'«anfigologia» (Lac., I, 363)
ecc.; menzionate per far risaltare la bellezza del dettato letterario o poetico, come nell'esempio: «molti son gli animali
a cui s'ammoglia» (*Inf.* I, 100): idest quibus adaeret tamquam
uxor. Et est pulcra transumptio: sicut enim uxor non potest
separari a viro, nisi per mortem, ita avaritia amantissima con-
jux inseparabiliter adhaeret multis viris usque ad mortem:
ideo melius potest dici uxor quam amica: ideo magis proprie
dixit *s'ammoglia* et non *s'amica*» (Lac., I, 55). O semplicemente fa notare: (*Inf.* II, 75) «e poi comincia' io... et in hoc
facit colorem qui dicitur *transitio,* quo frequentissime utitur
in toto libro» (Lac., I, 93).

Dell'arte retorica Benvenuto spesso rileva le parti del-
l'*oratio* all'inizio di determinati discorsi, specialmente verso
personaggi di una certa importanza: (*Inf.* I, 79) «*Or sei tu,*
in ista parte autor ostendit quomodo recognoscit Virgilium,
cui manifestat suum statum, sive dispositionem, et in ista
oratione primo facit exordium, secundo petitionem, tertio
confirmationem, quarto aperit periculum imminens sibi. Partes patebunt. Dico ergo quod autor primo exorditur captans
benevolentiam multipliciter a persona auditoris etc.» (Lac., I,
50). E alcune pagine dopo, con Beatrice: «*O anima* (*Inf.,* II,
58), hic Virgilius ponit orationem Beatricis ad se, in qua
ostendit quid ipsa praecipit, quid requirit. Et primo Beatrix
facit exordium, deinde narrationem, deinde petitionem, ut
ostendam. Dico ergo quod primo Beatrix captat benevolentiam
a persona Virgilii, commendans ipsum a liberalitate et famae
diuturnitate, quam maxime affectant poetae etc.» (Lac., I,
90-91). Evidentemente i rilievi son presentati per mettere in
risalto la perfezione dell'arte dantesca.

— Numerosissime sono le attenzioni lessicali, puntualizzate ad illuminare il dettato dantesco o, a volte, a determinarne l'esatta origine regionale: (*Inf.* VII, 21) «*ne scipa sì* idest ita vastat nos, et est *scipa* vulgare florentinum hic, non bononiensium. Dicunt enim florentini quod mulier est scipata quando peperit abortivum» (Lac., I, 248); e poco prima invece aveva scritto: (*Inf.,* VII, 19) «*stipa* ... idest claudit, est *stipa* verbum literale et non vulgare Bononiensium» (Lac., ib.); e ancora: (Par. XVII, 12) « *sì che l'uom si mesca...* Et nota quod est vocabulum tuscum; quando enim tuscus vult dicere: da bibere, dicit: misce» (Lac., V, 185).

Del dettato dantesco viene a volte rilevata l'espressività e l'appropriatezza, come in: (*Inf.,* V, 4) «*e ringhia,* idest latrat rigide» (Lac., I, 186); (Purg. IV, 28) «*con l'ali isnelle,* idest, velocibus» (Lac., III, 120); (*Inf.* VII, 119) «*fan pullular,* quia superficialiter aqua ibi faciebat bullas ex murmure» (Lac., II, 270); (*Inf.* XXIV, 12) «*e rincavagna la speranza,* ... nota quod autor facit pulcerrimam transumptionem vocabuli in tali casu; nam cavagna est cista rusticana, et autor ex nomine trahit tale verbum, quod optime competit materiae rusticanae» (Lac., II, 190).

O a volte Benvenuto coglie nel vocabolo delle sfumature semantiche che fanno veramente pensare; è il caso del passo (*Par.* XX, 13-14): «O dolce amor che di riso t'ammanti, / quanto parevi ardente in que' flailli» (che Benvenuto legge *favilli,* ma già in forma varia nei manoscritti: *flavilli, fravilli, favilli, frailli*); dove i suoi predecessori spiegavano con «spiriti lucidi» (Lana, forse dal basso latino *flabello* = accendere; ma certamente suggerito dalla metafora del verso 16 «lucidi lapilli») (22), o «flagrandes splendores» (Pietro di Dante —nel codice cassinese— riportandosi, secondo il Sapegno,

---

(22) *Comedia di Dante degli Allagherii col Commento di Jacopo della Lana,* a cura di Luciano Scarabelli, cit., p. 306.

alla radice flagrare = fiammeggiare) (23); e dopo di Benvenuto, il Buti «che parevano a modo di faville» (evidentemente dalla dizione verbale) (24); soltanto Benvenuto spiega: «idest *sibilis,* scilicet in vocibus canoris illorum spirituum (Lac., V, 255) (potrebbe essere —suggerisce il Sapegno— «un calco dal francese *flavel,* 'flauto', dal latino *flare*) (25), sincronizzandosi magistralmente con l'azione enunziata nella terzina precedente «cominciaron canti» (*Par.* XX, 11) e con l'immagine espressa nella terzina seguente degli «angelici squilli» (*Par.* XX, 18); spiegazione che ha interessato specialmente alcuni moderni di indirizzo filologico (Parenti, Blanc, Parodi) (26).

— Una notevole sensibilità poetica è rivelata dall'attenzione continua che il commentatore presta a determinate parole: «addit pulchre istam particulam ultimam» (Lac., I, 130); «nota quod autor facit pulcerrimam tramsumptionem vocabuli in tali casu» (Lac., II, 190); «con quella turba grama: pulchre alludit vocabulo» (Lac., I, 522); o a similitudini, colte nei loro diversi aspetti: «declarat per unam *similitudinem nobilem*» (Lac., I, 530); «describit per unam *com-*

---

(23) Cf. *Dante Alighieri, La Divina Commedia,* a cura di Natatino Sapegno (Milano-Napoli: Riccardo Ricciardi Editore, 1957), p. 1024, n. 14.

(24) *Commento di Francesco da Buti sopra la Divina Commedia di Dante Allighieri,* a cura di Crescentino Giannini (Pisa: Fratelli Nistri, 1862), tomo III, p. 563.

(25) Cf. *Dante Alighieri, La Divina Commedia,* a cura di Natalino Sapegno, cit., p. 1024, n. 14.

(26) Cf. L. G. Blanc, *Vocabolario Dantesco o Dizionario critico e ragionato della Divina Commedia di Dante Alighieri,* ora per la prima volta recato in italiano da G. Carbone (Firenze: G. Barbera editore, 1890), quarta ediz.., vol. I, p. 142; Ernesto Giacomo Parodi, *Lingua e Letteratura, Studi di Teoria linguistica e di storia dell'Italiano antico,* a cura di Gianfranco Folena (Venezia: N. Pozza, 1957), pp. 273 e 394. Il Pagliaro però, ultimamente, è ritornato al significato di «fiaccola» dal francese antico *flael* (*fleau*), a sua volta dal latino *flacellum,* cf. Antonino Pagliaro, *Ulisse, ricerche semantiche sulla Divina Commedia* (Firenze-Messina: Casa editrice G. D'Anna, 1967), tomo II, pp. 579-581.

parationem domesticam» (Lac., I, 189); «comparatio non posset magis facere *ad propositum*» (*Lac.*, IV, 95); «et exprimit eam rabiem et velocem cursum per *comparationem claram et propriam* dicens: 'come veltri ch'uscisser di catena'» (Lac., I, 456). Tuttavia tali annotazioni potrebbero ancora derivare dal fatto che Benvenuto segua il tracciato di un dettato teorico d'arte retorica; vi sono però nel commento momenti in cui appare che egli deliberatamente colga l'afflato della poesia e lo noti esteticamente, in senso realmente moderno. Ciò si può vedere nel concetto che egli ha del «cantare» dantesco («nam cum omnis poeta cantet, hic tamen *dulcius et delectabilius* canere videtur»; Lac., I, 18) e nella sua capacità di avvertire flessioni di dizione in particolari espressioni poetiche: «... *pur a me conven vincer la pugna,* idest istam probam, et debet legi voce alta ad modum irati, *se non,* debet legi voce submissa...» (Lac., I, 304); «... *che gli aproda* ... et debet legi ista litera voce exaltata ad terrorem» (Lac., II, 112). Ma vi sono nel commento note esplicite della partecipazione del critico alla ricchezza delle annotazioni poetiche del testo, come quando Benvenuto avverte la potente virilità della figura di Giasone (*Inf.* XVIII, 83-84): «Et hic nota quam subtiliter, quam magnifice autor describit virum illustrissimum, primo a pulcritudine corporis, dicens: *guarda quel grande che viene...* a fortitudine animi, cum dicit: *e non par che lacrime spanda per dolor,* quasi dicat, vere virilis est, quia viro forti non convenit lacrimari more mulierum...» (Lac., II, 18); o di Farinata la nobile ma umana fierezza: «*sorgea col petto e con la fronte,* idest pectore resupinato et fronte clara; quasi dicat magnifique et superbe» (Lac., I, 337). Egli rimane colpito dall'immagine del naufrago («uscito fuor del pelago a la riva» *Inf.,* I, 23), e ne riproduce la *lena affannata* caricando d'aggettivi: «Sicut enim ille qui evasit a magno naufragio maris, et territus, pallidus, quasi semimortus pervenit ad litus quietum, retroflectit se ad periculum; ita a simili...» ecc. (Lac., I, 32). Si osservi come viene percepita l'immagine: (*Par.*, XX, 19-20) «un mormorar di fiume / che scende chiaro giù di pietra in pietra», e come viene parafrasata e riproposta: «sicut aqua pura labitur cum levi murmure per flumen copiosum de lapide in lapidem pulcros et politos...» (Lac., V, 255-256), fissando la sensazione in pennellate impressionistiche (*aqua pura-levi murmure-flumen copiosum* [gli ultimi due aggettivi non sono in Dante]); o come dalla figura «piante novelle, rinnovellate di novella fronda» (*Purg.*, XXXIII, 143-144), si ricavi un'atmosfera primaverile, in contrasto di stagioni: «Nota quod comparatio est propriissima: sicut enim planta quae steterat quasi arida per totum tempus hyemis, adveniente vere reviviscit et efficitur tota pulcra; ita animae poetae...» ecc. (Lac., IV, 287); o come venga rimpolpata l'espressione dantesca «la gran variazion di freschi mai» (*Purg.*, XXVIII, 36) per comunicare l'assaporata sensazione poetica: «idest virentium ramorum, qui erant diversi in colore, odore, et sapore fructuum» (Lac., IV, 164). E si potrebbe continuare. Proprio in rapporto a questo intenso sentire poetico di Benvenuto, è sintomatico il racconto, che egli riporta, sul grande poeta fiorentino: «Nota, lector, quam pulcros rhythmos poeta noster fabricavit in tam pulcra materia: ex quo apparet verum esse illud quod festive dixit quidam in commendationem eius: dicebat enim quod Dantes primo parabat se ad condendum tam nobile poema, omnes rhythmi mundi presentarunt se cospectui eius tamquam pulcerrimae domicellae suppliciter rogantes singulae, ut dignaretur admittere illas libenter in opere tanto. At ille coepit vocare nunc istam, nunc illam, et unamquamque in ordine secundum exigentiam materiae collocare; tandem, libro ad felix complementum perducto, nulla remanserat extra» (Lac., IV, 165-166). Qui viene espressa l'assoluta convinzione dell'altissima perfezione d'eloquenza del poeta. In questa atmosfera nasce l'entusiasmo per la grandezza poetica dell'Alighieri, entusiasmo che si tramuta in giudizio critico capace di superare la pregiudiziale contemporanea sul volgare: «Hic noster Dantes, quamvis in litera non superavit alios, tamen in vulgari transcendit eloquentiam ceterorum; imo, quod mirabile est, illud quod viri excellentissimi vix literaliter dicere potuissent, hic autor tam subtiliter et obscure sub vulgari eloquio paliavit» (Lac., I, 52). Qui Benvenuto percepise perfino la genialità dantesca nell'uso d'un nuovissimo strumento d'espressione linguistica, in un'arte già affermatasi con mezzi genialmente stabiliti.

Un altro sintomo dell'incipiente cura umanistica per i fatti testuali propria della sicietà letteraria nella quale Benvenuto si trovava a vivere, è il continuo interesse per la restituzione del testo. La lezione gli veniva di già dal Petrarca e dal Boccaccio. Il Petrarca nella lettera al Boccaccio, difendendosi dall'accusa di freddezza nei riguardi del grande poeta fiorentino, aveva espresso il desiderio che «scripta eius [di Dante, contro coloro che] lacerant atque corrumpunt ... ego forsitan, nisi me meorum cura vocaret alio, pro virili parte ab hoc ludibrio vendicarem» (27). Il Boccaccio nel copiare anche tre volte il testo della *Commedia,* si mostrava di già editore attento al ristabilimento della lettera originaria del poema.

Nell'intero commento di Benvenuto si registrano circa ottanta interventi in cui viene esaminata la *varia lectio,* basata sul raffronto di altri codici. Il metodo è ancora rozzo e del tutto asistematico; e certo non c'è da aspettarsi la sottigliezza tecnica raggiunta da un Valla o la perfezione metodologica alla quale potrà arrivare soltanto un Poliziano. Tuttavia è innegabile che nei tentativi dell'imolese si riscontri una varietà di mezzi di scoperta e di ricupero, messi a servizio della ricostruzione del testo, che potrebbero esser validi per una storia

---

(27) F. Petrarca, *Lett. Fam.,* XXI, 15, 16.

sulle origini della filologia testuale agli inizi dell'umanesimo. A dare un'idea di questo considerevole aspetto del commento benvenutiano vogliamo riportare qualche esempio, scegliendo tra quelli che mostrano un metodo di giudizio per ricuperare la lezione tradita di volta in volta diverso. Il primo accorre ad apertura del poema: «*Ah* quanto a dir qual'era / *E* quanto a dir qual'era» (Lac., I, 25; il testo trascritto antecedentemente per altra occasione) (28); dove il commentatore, a fissare la scelta testuale, si serve di una ragione sintattica e di una grammaticale in connessione con la propria conoscenza del volgare fiorentino. Altrove una lezione viene scartata perchè non trova un significato su cui appoggiarsi: (*Inf.,* XXXIII, 126) «Innanzi ch'*Atropos* mossa la dea: idest antequam mors separaret ipsam animam a corpore. *Atropos* enim appellatur a poetis ultimum fatum, et est idem quod mors... Aliqui tamen textus habent *Antropos,* sed hoc nullo modo potest stare; nam *Antropos* graece, latine dicitur *homo,* quod interpretatur arbor eversa, et sic non habet hic locum» (Lac., II, 543). Caratteristico il caso in *Inf.,* VIII, 45, in cui Benvenuto rifiuta una variante perchè comporta un significato troppo elaborato, e preferisce la buona lezione, della quale riporta il mutamento semantico pur senza afferrarne l'origine scritturale: «Benedetta colei che in te se '*ncense,* quasi dicat, benedicta mater tua quae portavit te in utero, ita quod quando erat gravida de filio cingebat se super ipsum... Alius tamen textus: *s'incese,* et tunc exponatur sic litera: beata illa Beatrix quae se incendit amore tuo, quae sic incensa venit ad me Virgilium ut ducerem te per istum Infernum, ubi videres iustam vindictam superborum, et disceres sic spernere eos... sed prima litera videtur mihi magis propria, ubi secunda videtur magis violentata» (Lac., I, 287-288). Bellissima per la ragione dotta che Benvenuto adduce a valutazione del passo

---

(28) Cf. *supra,* p. 120.

è la glossa a *Par.*, XXVI, 103: «*Indi spiró,* idest, deinde illa anima primaria loquuta fuit sub hac subscripta forma: *io discerno meglio la voglia tua...* Aliqui tamen volunt quod autor hic inserat nomen suum proprium, ut legatur sic: *O Dante, io discerno la voglia tua* etc., et forte prima litera est melior; sufficiebat enim quod autor jam se nominaverat semel in fine Purgatorii, et ibi se excusavit dicens: *che di necessità* etc., sicut et Virgilius dux eius nominavit se semel tantum in opere toto» (Lac., V, 382). È da ricordare che in una circostanza analoga lo stesso ragionamento lo aveva fatto sbagliare: «*O musa,* idest o scientia poetica. Et nota quod aliqui textus habent, *o muse,* in plurali; sed credo quod melius dicatur, *o musa,* in singulari, quia autor imitatur Virgilium suum, qui in principio Eneydos incipit sic: *Musa, mihi causas memora.* Ita et Homerus, quem Virgilius sequitur, in principio Odysseae dicit: *Dic mihi, Musa, virum.* Similiter in principio Iliados dicit: *Iram pande mihi Dea*» (Lac., I, 77). Benvenuto opera la sua scelta testuale fondandosi sull'assoluta convinzione che Dante imiti Virgilio; e la applica matematicamente, non sospettando neppure che il poeta possa servirsi di fonti differenti, come a lui stesso capitava per la *Commedia.* Nè vale a metterlo sulla buona strada l'ovvia forzatura d'esplicazione (29) o gli appoggi cui deve ricorrere per giustificare il suo testo (30). Rimane tuttavia interessante l'ingegnosità del commentatore.

Una singolarità del commento benvenutiano sono i continui richiami ad episodi e personaggi dell'antica civiltà clas-

---

(29) Infatti il commentatore si sente costretto a specificare: «Et sic vide quomodo autor invocat in generali *musam,* quae continet *novem musas*» (Lac., I, 77).

(30) «Aliqui tamen volunt quod posset etiam intelligi in speciali anthonomasice de musa principali, scilicet Calliope, quae est dea eloquentiae, et dicitur regina musarum, quam autor invocat nominatim in principio Purgatorii, ubi dicit: *E qui Calliope alquanto surga*» (*Ibid.*).

sica, particolarmente della storia romana. Essi sono in genere riportati come esempi egregi di liberalità, di giustizia, di coraggio; e sono sparsi un pò dappertutto lungo il commento, anzi essi infittiscono talmente le chiose da trovarsi perfino inseriti ad esemplificare precisazioni avverbiali del testo dantesco (31). Tali richiami si trovano, in verità, anche in Guido da Pisa, ma col chiaro intento di riscatto della moralità pagana («in quibus sunt multa utilia et ad bene vivendum necessaria»); in Benvenuto invece c'è il senso del ritorno alla fonte genuina della notizia erudita e l'amore per la classicità perchè classicità. Nella sua abbondanza di notizie storico-erudite Benvenuto si appoggia sulle «auctoritates» dei grandi scrittori latini: Cicerone, Livio, Seneca, Svetonio ecc. Il gusto —e potremmo dire il fervore— per tal genere di chiosa gli proveniva dai nuovi indirizzi del rinnovamento culturale alla fine del secolo XIV, rivolti allo studio delle fonti antiche di cui s'intende penetrare il pensiero genuino. Ne consegue una severità di atteggiamenti nel giudizio critico sulla cultura immediatamente precedente, che non risparmia lo stesso autore della *Commedia,* di cui la chiosa rileva scorrettezze episodiche (32), o rettifica giudizi morali (33), o suggerisce più precise

---

(31) Così al verso *Inf.,* X, 27 («alla qual forse fui troppo molesto») per i due avverbi *forse* e *troppo:* «Et dicit notander: *forsi,* quia tamquam expulsus poterat excusabiliter hoc facere, sicut olim Marcus Coriolanus contra Romam ingratam patriam suam; dicit etiam: *troppo,* quia excessit medicina modum; nam large fudit sanguinem suorum civium, et tamen, considerato amore patriae, potius debuisset facere sicut olim Marcus Camillus, qui ingratam sibi patriam de manu hostium magnanimiter liberavit, et incensam et eversam reparavit» (Lac., I, 336-337).

(32) Per esempio, a proposito di Didone in *Inf.,* V, 61-62, Benvenuto commenta: «Hic est attende notandum quod istud, quod fingit Virgilius, nunquam fuit factum, neque possibile fieri, quin Eneas, teste Augustino in libro de Civitate Dei, venit in Italiam per trecentos annos ante Didonem. Ipsa etiam Dido non se interfecit ob amorem laxivum imo propter amorem honestum, etc.» (Lac., I, 198-199).

(33) Così a proposito di Sesto Pompeo (*Inf.,* XII, 135): «Et

esemplificazioni (34). Vi è, nel contempo, un continuo scarto —non sempre esente da aperto disprezzo— da scrittori medioevali e da cronisti fabulosi (35) (con qualche rarissima

hic nota lector, quod autor sequitur Lucanum, quia appellat Sextum vilem piratam, qui exercuit piraticam in mari, in quo pater suus piratas vicerat, de quibus habuerat gloriosum triumphum. Sed certe nescio videre cur iste debeat dici pusillanimis, nisi forte quia habuit fortunam contra se; imo videtur fuisse magnanimus, quia coactus est facere de necessitate virtutem. Quid enim poterat facere Sextus victo patre et fratre? spoliatus auxilio et consilio amicorum? occupato Oriente per Antonium? Occidente per Augustum? Certe armavit se quibus potuit contra Augustum haeredem Caesaris, et eum molestavit violenter usque ad mortem» (Lac., I, 421-422).

(34) Considerando che Dante ha menzionato Marzia nel Limbo a causa della sua onestà, Benvenuto commenta: «Ista Martia fuit honestissima, qualis conveniebat viro honestissimo Catoni... Tamen forte autor melius posuisset Portiam filiam Catonis eiusdem, quae audita morte viri sui Bruti, quaerens ferrum quo se occideret, nec inveniens, recurrit ad ignem, et prunas accensas immisit in os suum, et sic se negavit inaudito genere mortis» (Lac., I, 166).

(35) Per riportare soltanto qualche esempio tra tanti, Benvenuto critica severamente Vincenzo di Beauvais (autore dello *Speculum Historiale*) per la sua inesattezza: «Nota quod Vicentius Beluacensis in suo *Speculo Historiali*, quod fuit opus vere gallicum, scribit quod Cato Uticensis fecit libellum quo pueri scholastici utuntur; quod non solum est falsum sed impossibile, quia in illo libello fit mentio de Lucano, qui fuit tempore Neronis. Dicit etiam quod Cicero fons romanae eloquentiae fuit legatus Caesaris in Gallia, quod est similiter falsum, quia ille fuit Q. Cicero frater M. Ciceronis» (Lac., III, 38). Di Gualtiero d'Inghilterra (Walter Map, creduto l'autore del *Lancelot du Lac, Morte Darthur*, ecc.), Benvenuto scrive: «Gualterius Anglicus in sua Chronica quae britannica vocatur, in qua admiscet multa falsa veris in exaltatione suae regionis» (Lac., II, 497). E a proposito del cronista Goffredo da Viterbo: «Falsum ergo dicit Gotifredus Viterbiensis, sicut et alia multa, quae scribit in suo libro, qui dicitur Pantheon, quod apud Fanum fuit olim templum Dei Fauni, ad quod visitandum veniebant olim peregrini de partibus Galliarum etc.» (Lac., III, 154). Della scarsa considerazione in cui Benvenuto teneva le cronache cittadine in generale, si può avere un'idea da quanto egli dice nei confronti dell'origine di Firenze: «Est ergo primo sciendum ad declarationem istius literae, quod multi dicunt hic multa falsa, sequentes chronicas florentinorum, quae ponunt multa magnifica ficte ad exaltationem suae patriae. Nec miror, quia simile dicunt chronicae quasi omnium civitatum, quas viderim, sicut Ravennae, Januae, Venetiarum, et Neapolis» (Lac., I, 509).

eccezione) (36), congiunto alla ricerca di un appoggio selettivo di soli autori che basano i loro interventi esegetici su dati d'esperienza (37). Da questo punto di vista il commento del Rambaldi costituisce non solo un significativo documento della società letteraria dell'ultimo trecento, ma anche un notevole esempio di visione della *Commedia* come documento di una civiltà culturale ormai staccata da quella dell'autore.

Un nuovo apporto umanistico che con Benvenuto entra nel commento alla *Commedia* è la tecnica analitica adoperata per presentare criticamente l'intendimento del dettato. Il commentatore riporta le varie interpretazioni date al testo poetico, sottoponendole singolarmente al vaglio di una analisi critica, e suggerendo infine la propria affermazione, sempre criticamente argomentata. Il procedimento si rivela fin dall'attacco iniziale del poema (dove possiamo riconoscere, tra gl'interlocutori che fanno le spese della verve espressiva di Benvenuto: Guido da Pisa, l'Ottimo, l'Anonimo delle Chiose Selmiane, Jacopo di Dante, Graziolo Bambaglioli):

«*Nel mezzo del cammin di nostra vita ec.* Sed quod est medium iter nostrae vitae? Dicunt aliqui quod dimidium nostrae vitae est somnus (38), quia Philosophus dicit primo Ethicorum quod nihil differunt felices a miseris secundum dimidium vitae, et appellat dimidium vitae somnum. Videtur ergo autor velle dicere se habuisse hoc per visionem in somno, sed hoc non

---

(36) Riccobaldo da Ferrara, per esempio, che Benvenuto chiama «magnus chronichista» (Lac., I, 412).

(37) Benvenuto riportando differenti opinioni di Alberto di Colonia e di Isidoro di Siviglia su alcune abitudini del castoro (il «bivaro») conclude: «Et certe magis credo Alberto quam Isidoro; tum quia Albertus fuit magnus naturalis et experimentator, tum quia castores abundant in partibus suis, ubi voluit habere experientiam veram» (Lac., I, 566).

(38) È Guido da Pisa, cf. *Guido da Pisa's Expositiones et Glose super Comediam Dantis or Commentary on Dante's Inferno*, cit., p. 10.

valet, quia, ut dicit commentator philosophus (39), per somnum intelligit ibi quietem: non enim est verum quod homo dormiat medietate temporis. Alii dicunt quod dimidium nostrae vitae est nox (40); tantum enim habemus in mundo isto de tenebra, quantum de luce, et autor noster visionem habuit de nocte. Visiones enim et subtiles imaginationes, ut plurimum, adveniunt in nocte, quando anima magis recolligit se ad se, et est magis semota a curis temporalibus; quo tempore ratio discurrit et considerat quomodo expendiderit tempus suum, et in quibus, quasi in vanis. Sed certe, quamvis istud totum verum sit, tamen non est intentio autoris hic, quia autor describit clare istud tempus paulo infra cum dicit: *Temp'era dal principio del mattino.* Unde dico quod autor describit tempus annorum suae vitae, in quo incoepit istud opus. Videtur ergo posse dici quod sit tempus triginta annorum (41), quia secundum Aristotelem, libro Politicorum, anni hominis communiter sunt sexaginta. Alii tamen dicunt quod (est) tempus triginta trium annorum (42), quia Christus tanto

---

(39) Si noti la posizione della virgola posta dal curatore dell'edizione, per cui il significato viene completamente distorto. Qui si dovrebbe leggere che Benvenuto sta riferendo un'idea di Averroè; il che non concorda con il contesto; mentre il porre la virgola immediatamente prima di «philosophus», risponde bene all'idea dell'imolese di voler illustrate con l'autorità di Averroè il pensiero di Aristotele.

(40) È l'Ottimo, cf. *L'Ottimo commento della Divina Commedia,* a cura di Alessandro Torri (Pisa: presso Niccolò Capurro, 1827), tomo I, pp. 3-4.

(41) È nell'Anonimo delle Chiose Selmiane, cf. *La Divina Commedia nella figurazione artistica e nel secolare commento,* a cura di Guido Biagi (Torino: Unione Tipografica-Editrice Torinese, 1924), vol. I, p. 1.

(42) Sono Jacopo di Dante e Graziolo Bambaglioli, cf. *Chiose alla Cantica dell'Inferno di Dante Allighieri attribuite a Jacopo suo figlio,* edite a cura di Lord Vernon (Firenze: Tipografia di Tommaso Baracchi, 1848), p. 3; *Commento alla Cantica dell'Inferno di Dante Allighieri di autore anonimo* [Graziolo Bambaglioli], edite a cura di Lord Vernon (Firenze: Tipografia di Tommaso Baracchi, 1848), p. 4.

tempore vixit, et teste Apostolo omnes resurgent in ea aetate, in qua mortuus est Christus. De hoc tamen non videretur multum curandum, quia, teste Philosopho: *quae parum distant, nihil distare videntur*. Sed quidquid dicatur, veritas est, quod autor per istud medium intendit tempus XXXV annorum, sicut ipsemet testatur alibi (43), et tale quidem tempus bene vocat dimidium vitae; satis enim probabile videtur quod homo communiter usque ad XXV annum sit in incremento, aliis XXV annis in statu (44), aliis XXV in declinatione; quod confirmat autoritas Prophetae dicentis: *dies annorum nostrorum in ipsis septuaginta annis*. Et addit: *quod si pervenerit ad LXXX, amplius labor et dolor*. Et dato quod dictum tempus non esset dimidium vitae, tamen stat adhuc et constat, quod autor incoeperit opus suum in XXXV anno, si consideras tempus nativitatis eius, quod jam positum est supra; sed autor incipit in MCCC, quod ipsemet scribit in Inferni capitulo XXI» (Lac., I, 22-24).

Benvenuto per la prima volta introduce nella storia del commento dantesco la refutazione sistematica delle varie opi-

---

(43) Cf. *Convivio, IV, xxiii, 9; IV, xxiv, 2-5*.

(44) C'è qui certamente un errore del copista, che avrebbe dovuto scrivere «aliis XX annis in statu», poichè altrimenti la somma degli anni non corrisponderebbe alla cifra espressa nel salmo citato immediatamente dopo ed inoltre sarebbe contro la fonte dantesca da cui Benvenuto deriva le tre divisioni menzionate (cf. *Convivio*, IV, xxiv, 3). Si fa notare che il Rossi-Casè sulla triplice divisione di questo preciso passo, raffrontata con il proemio del *Romuleon*, ha stabilito la data di nascita di Benvenuto «non prima del 1336», che è quella che oggi comunemente si ritiene la più probabile. Il Rossi-Casè ha erroneamente creduto che i due termini *incrementum* e *iuventus*, secondo Dante (e lo stesso per Benvenuto), corrispondano allo stesso periodo della vita dell'uomo. Quanto ciò sia falso si può vedere in *Convivio*, IV, xxiv, 1-5. perciò la data di nascita di Benvenuto stabilita dal Rossi-Casè non può avere alcun valore; cf. Rossi-Casè, *Di Maestro Benvenuto da Imola Commentatore dantesco* (Pergola: Stab. Tip. Fratelli Gasperini Editori, 1889), pp. 15-21.

nioni, per fissare la vera sentenza con certezza critica. Nè passino inosservate la forma stringata di refutazione e la maniera decisa di presentare la propria risoluzione (si noti inoltre che egli è il primo —sul problema citato del significato di «nel mezzo del cammin»— a presentare come prova d'asserto due argomenti —che chiameremmo d'indirizzo storico-positivo anteliteram— basati su documenti testiali dell'autore stesso, precisamente dal *Convivio,* IV, xxiv, 1-4 e da *Inf.,* XXI, 112-114, ambedue menzionati).

Lo stesso procedimento viene adottato nel corso del commento per altri problemi critici, anche di ordine filologico, storico, ecc.

A far risaltare la novità chiosastica apportata da Benvenuto nella storia dell'esplicazione dantesca, presentiamo un esempio in cui cogliamo il commentatore nell'atto di desumere inconfondibilmente le proprie note dal suo predecessore Jacopo della Lana. Al confronto delle due glosse salta evidente l'innovazione dell'imolese:

Par., XVIII, 133-135

«Ben puoi tu dire: 'I' ho fermo 'l desiro
sì a colui che volle viver solo
e che per salti fu tratto al martiro'».

JAC. DELLA LANA	BENVENUTO
Di costui sì sono tre opinioni che fosse lo intendimento dello autore: l'una si è che l'autore lo ponesse essere lo demonio, imperquello che quando peccò non volse cognoscere sua vita nè gloria	Et ad intelligentiam huius literae est solerter advertendum, quod multi multa frivola et vana dixerunt circa istum passum. Aliqui enim dicunt quod autor loquitur de diabolo, qui fuit praecipita-

del Creatore, ma da sè medesmo, e però ch'ello non volse quella compagnia, senza la quale non si può avere essere, cioè del Creatore, e però dice: *Che volle viver solo, e che per salti* cioè che fue espulso al suo martirio che è lo Inferno per quello salto che la giustizia di Dio li fe' misurare, cioè dal cielo al centro della terra.

La seconda opinione si è che l'autore lo ponesse per Simon Mago, lo quale per sua arroganzia credette comprare da san Piero e da santo Paolo la grazia dello Spirito Santo a danari, e così non volendo tenerla da Cristo ma da sè stesso credette e volle vivere solo. Sì come si hae nelli Atti delli apostoli lo ditto Simone si fe' portare dalli demonii in aiere, e per orazione delli detti due apostoli fue tratto allo

tus de coelo ad infernum ad martirium;

sed ista expositio est penitus falsa, quia iste noluit vivere solus, sed voluit fieri similis altissimo; et maximam moltitudinem habuit sociorum in coelo et habet in Inferno. Aliqui vero exponunt quod autor loquitur de Simone Mago, qui cadens ex aere portatus a daemoniis conquassatus est in terra;

Inferno cadendo a terra: sì che per tale salto fue tratto al suo martirio. Or perchè questo Simon Mago volse ad esemplo comprare le spirituali grazie, intende l'autore secondo questa opinione che questi pastori che la vendono a denari hanno lo cuore a lui e non a quelli Piero e Paolo che la davano per grazia.

sed et ista expositio est aliena, quia Simon Magus etiam noluit vivere solus, immo cum hominibus et daemonis, et Nerone pessimo omnium daemoniorum.

La terza opinione si è che questo che volse viver solo fosse intendimento dello autore essere Sardanapalo, lo quale fue re d'oriente. Era costui un uomo solitario, il quale non voleva veder nullo uomo, ma continuo stava serrato in camera, e qui tutte quelle delettazioni sensitive che aver si possono per uomo, come mangiare e bere e cose veneree, tutte l'avea, ed era tanto disposto a questo che

Alii autem volunt quod autor intelligat de Sardanapalo rege assyriorum, de quo dictum est supra capitulo huius Paradisi, qui fuit totus delitiosus, et demum se praecipitavit in ignem;

avea in dimenticanza lo suo reggimento; onde li suoi sudditi veggendo lo suo re essere di tale condizione corseno ad arme con furore al palazzo di costui; costui, temendo, volle scampare da una finestra e cadde giuso, onde fue tutto tagliato. Or vuol dire lo esemplo: tu chierico e pastore hai tanto lo cuore alle dilettazioni sardanapale, che tu non curi se la vigna si guasti, la quale, com'è detto di sopra, *tosto imbianca se 'l vignaio è reo* (45).

sed nec ista opinio vera est, quia Sardanapalus noluit vivere solus, immo continuo erat circumvallatus magna turba meretricum.

Sunt etiam quidam exponentes subtilius et dicentes, quod autor intelligit de Johanne Baptista; et vult dicere: ego habeo ita firmum desiderium meum ad vitam contempla-

Quarto et ultimo fuit intentio auctoris loqui de sancto Johane Baptista qui per saltus filiae dominae herodiatis fuit decapitatus ut in eius legenda per levius scriptum

---

(45) *Comedia di Dante degli Allagherii col commento di Jacopo della Lana,* a cura di Luciano Scarabelli, cit., pp. 289-290.

invenio, et hic commendando pastores ecclesiae per antifrasim intellexit auctor quod pastores delectantur in florinis fabricatis sub vocabulo sancti Johanis Baptistae (46).

tivam, qualis fuit vita Baptistae, quod non curo de vita activa Petri et Pauli. Ista expositio autem licet videatur subtilis et consona, tamen non haberet hic locum, quia clare patet ex dictis, quod autor quam peius potest loquitur hic de pastore, nunc autem commendaret eum: potest tamen ista expositio verificari, si suppleatur et addatur sic: tu pastor potes respondere: ego vivo ita contemplative, quod non curo de vita activa; sed si hoc esset, esses aliqualiter excusandus; sed neutrum facis, quia non vivis in contemplatione ut Baptista, nec in actione ut Petrus et Paulus; isto modo supplendo, expositio potest stare; sed demum, omissis omnibus praedictis tamquam superfluis, dicit, quod autor loquitur de floreno, in quo est sculpta imago Johannis Baptistae. Vult ergo dicere: tu pastor

(46) *Ibid.*, p. 290. Il passo è tratto dal commento tradotto in latino dal Rosciate, ma mancante nel codice trascritto.

potes dicere: ego habeo ita
fixam voluntatem floreno ac-
quirendo, quod non cognosco
Petrum et Paulum, qui fuerunt ita pauperes, spernendes
omnino pecuniam (Lac., V,
228-229).

Si osservi nel presente raffronto che le parti vuote del
testo benvenutiano (riprodotto intenzionalmente spezzato, ma
non mancante) vengono a corrispondere alle esposizioni più
prolisse fatte dal Lana per le varie sentenze; mentre le parti
vuote del testo laneo sono a fronte delle singole confutazioni
introdotte da Benvenuto per ciascuna sentenza.

Come si vede, dunque, il Lana non è che un puro espositore: elenca le singole opinioni, tutte accettabili; sofferman-
dovisi leggermente nel proporle, quasi «novellando»; e ne
presenta l'adattabilità (si noti, per tutte) al dettato dei versi
danteschi.

Benvenuto invece fa l'esplicatore: riproduce concisamente
ciascuna opinione, ma inserisce un nuovo elemento, la con-
futazione; fornendo infine quell'unica *expositio* che *potest
stare* con la *intentio* del poeta.

Con l'imolese, pertanto, il commentatore non è più un
mero espositore, è un critico.

Ed è quel che egli precisamente si sente di essere lungo
l'intero commento, e in una forma fortemente accentuata,
anche a rischio di muoversi alla ricerca di un'originalità a
tutti i costi. Serpeggia, difatti, nel sottofondo dell'intero commento del Rambaldi la consapevolezza dell'autore di sentirsi
in un momento storico-letterario superiore a quello che lo
ha immediatamente preceduto —una caratteristica propria

dell'umanesimo del Salutati— e di qui deriva la sua tendenza a rintuzzare continuamente i suoi predecessori, a cui sarebbero sfuggiti i veri sensi reconditi della poesia dell'Alighieri.

Ma se dalla nuova sensibilità umanistica derivano i pregi più originali del commento di Benvenuto, ad essa si richiamano anche i veri limiti dello stesso commento. Assistiamo infatti in esso a delle colossali cadute chiosastiche. Esattamente perchè prigioniero del proprio orizzonte culturale, l'imolese si lascia prender la mano da interpolazioni di un gusto letterario fin troppo prevedibile, ma comunque incapace di reggiungere le vette espressive della *Commedia* e di delucidarle con l'amore che esse richiedono. È il caso di uno dei più drammatici momenti di tutto il poema, proprio sul vestibolo dell'intero viaggio, quando il poeta fisserà il tema essenziale che dovrà informare l'intera opera: il dubbio di Dante sulla propria capacità ad intraprendere la grande missione. Tale dubbio viene da Benvenuto dissolto in un fatto di mera eloquenza: è, per lui, il dubbio del poeta sulla propria capacità letteraria a scrivere un grande poema che stia all'altezza dei suoi immortali predecessori Omero e Virgilio. Ecco la chiosa:

«*Io cominciai...* (*Inf.*, II, 10), ad cuius rei intelligentiam est bene praenotandum quod ista questio et contentio, quam Autor fingit se hic facere cun Virgilio, non est aliud quam quaedam lucta mentis et repugnantia inter hominem et rationem. Examinabat enim autor intra se vires suas, et arguebat et objciebat contra se: tu non es Homerus, tu non Virgilius; tu non attinges excellentiam famosorum poetarum, et per consequens opus tuum non erit diu in precio; imo, sicut dicit Horatius ad librum suum, cito portabitur ad stationem, et lacerabitur ad dandum saponem...» (Lac., I, 78).

E la chiosa va avanti per un'altra pagina e mezza sulla scelta di Dante tra «volgare» e «latino» come mezzo linguistico da usare nell'opera.

E così il commentatore continuerà anche altrove in passi altamente drammatici del poema. La terrificante lotta di Dante alle porte della città di Dite con i diavoli, le Erinni e Medusa, segna per Benvenuto un momento di disperazione da parte del poeta nell'affrontare una materia che è sempre più difficile trattare in versi: «Ergo per daemones autor repraesentat nobis malitias, fraudes et falsitates quas parabat describere, quas non Virgilius numquam descripserat; ideo non miresis si habuerit hic magnam resistentiam, quia sine magna difficultate non poterat intrare fortem materiam» (Lac., I, 295). E sarebbe questa la causa per cui il tentativo di Virgilio di trattare con i demoni fallisce: «Per hoc autem figurat quod Virgilius voluit tentare si per se poterat inducere autorem ad istam materiam, sed non potuit» (Lac., I, 296); perciò lo sconforto di Dante («Pensa, lettor, se io mi sconfortai»; *Inf.*, VIII, 94) è interpretato come un atto di disperazione di fronte alle difficoltà, quasi una tentazione a voler strappar tutto ciò che aveva composto: «Et nota quod non vult aliud dicere nisi quod conferendo cum ratione et faciendo comparationes de se ad Virgilium, desperavit posse procedere ulterius; ideo temuit remanere ibi, scilicet faciendo finem operi, et crede quod aliquando fuit in actu lacerandi quidquid fecerat quando veniebat ad tales passus arduos» (Lac., I, 297); allora il «Messo celeste» arriverà come la grazia e la forza dell'eloquenza: («Già venia su per le torbid'onde / un fracasso... / per che tremavano ambedue le sponde»; *Inf.*, IX, 64-66) «Et hic nota quod per istum actum autor figurat magnam virtutem et potentiam mirabilem eloquentiae, quae rumpit omnia obstantia sibi, imo aliquando frangit iram hostium armatorum, sicut Valerius narrat de Antonio...» ecc. (Lac., I, 317); e la *verghetta* (*Inf.*, IX, 89) è precisamente per Benvenuto il simbolo della forza dell'eloquenza: «per virgam intellige potentiam et efficaciam eloquentiae» (Lac., I, 322).

Insomma, il conflitto interno del poeta —che implicava una problematica di vaste prospettive umane, razionali e metafisiche, politiche e religiose— viene diluito dal commentatore imolese in una schermaglia di dubbi e risoluzioni di natura retorico-letteraria (47).

Ciò equivaleva in fondo a vedere la Commedia con le impostazioni culturali del momento —di carattere pressochè esclusivamente poetico-retorico e storico-erudito— ormai ben lungi dall'intendimento ideologico dell'autore.

Da questo punto di vista il commento di Benvenuto rappresenta un chiaro documento della società culturale che veniva sviluppandosi alla fine del secolo XIV con la crisi del realismo aristotelico-domenicano e l'avanzare di un nuovo idealismo platonico-agostiniano infiltrantesi nella nuova civiltà dell'Umanesimo.

b) *Azione episodico-narrativa.*

L'influsso del particolare momento storico-letterario si evidenzia nella chiosa del Rambaldi anche nelle risoluzioni interpretative dell'intera «fabula» e del suo «protagonista».

Per il commentatore tutta la narrazione è una «visio» intesa in senso unitario di tempo e di azione, anche se per necessità pratiche di tecnica poetica dovrà apparire nel poema scomposta in periodi: «Describit autem hanc suam visionem

---

(47) Ad una interpretazione puramente letteraria, anche se di aspetto differente da quello di Benvenuto e limitata ad alcuni episodi, è ritornato recentemente qualche critico (cf. Harvey D. Goldstein, «Enea e Paolo: A Reading of the 26th Canto of Dante's Inferno», in *Symposium*, XIX, 4 [1965], pp. 316-327). Per il Goldstein l'episodio di Ulisse —come anche quello di Francesca— concerne esclusivamente la letteratura: è una tentazione del genio poetico di Dante, quella di voler godere della propria eloquenza e diventare un autore di una poesia sublime.

distincte per tempora, quam tamen totam simul habuerat, sicut Moyses describit Genesim, et Johannes Apocalypsim» (Lac., I, 22).

Sembra che Benvenuto assuma questa «visio» nel vero senso di un'esperienza realmente vissuta dall'Alighieri, come i due esempi biblici riportati dall'autore farebbero pensare. Tuttavia alcuni passi nell'interno del commento sembrerebbero escluderlo.

Ad ogni modo, qualora anche così fosse, ciò non toglierebbe niente al concetto compiuto di opera poetica, che allora si aveva. È sicuro infatti che questa «visio» non esclude la «fictio», assolutamente necessaria al concetto medioevale di *poesia:* «Autor noster *fingit* se habuisse hanc mirabilem salutiferam visionem» (Lac., I, 22), dice Benvenuto esplicitamente, e lo ribadisce spesso lungo il commento.

Il concetto di «fictio» era appunto la narrazione di un fatto verosimile, non accaduto, ma postulato come se realmente lo fosse. Essa doveva servire, anzi serviva a presentare la dottrina, cioè la verità, nei suoi aspetti e effetti di natura etica, apologetica, escatologica, emotiva, catartica. In altre parole, ciò che era documento di sapienza o anche di rivelazione, veniva assunto dal poeta il quale dava a codesto documento forma d'arte attraverso la «fictio»: «Poetae licet fingant non mentiuntur; poeta enim quantum est ex officio suo dicit verum, nam mendacium est falsa vocis significatio cum intentione fallendi: poeta autem non intendit fallere, sed potius instruere» (Lac., II, 399). La possanza, il valore, l'altezza della poesia venivano giudicati dalla magnificenza della «fictio». E precisamente la mirabile elaborazione della «fictio» della *Commedia* era, per l'imolese, una delle doti della grandezza dell'Alighieri: «Hic autem poeta perfectissimus convenientissime repraesentationibus usus est ut patere potest discurrendi totum poema eius ubique mirabiliter figuratum» (Lac., I, 9).

In ciò Benvenuto rimane ancora strettamente legato al concetto tradizionale di poesia; ma il commento rivela osservazioni che si staccano da esso. Egli infatti come chiosatore non si fermerà principalmente a togliere l'*integumentum* per rilevare la verità, ma mostrerà anche la bellezza della «fictio» nel come «litera ipsa, variis floribus et diversis coloribus adornata, vestit sententiam» (Lac., I, 14). Ciò, del resto, è già stato visto altrove (48).

Nella funzione del «protagonista», Benvenuto in più punti riesce a percepire la distinzione tra *poeta* e *personaggio*. Ma nell'interpretare la funzione specifica del *protagonista,* egli la circoscrive entro elementi caratterizzanti di derivazione protoumanistica. L'esperienza dantesca non è proiettata nel senso universale di un Dante «everyman», ma intesa come un diario singolo, un'esperienza individuale, una redenzione personale, anche se scritta per giovare al lettore come fatto redimente. Come si può non vedere in un Dante così concepito, il Petrarca del *Secretum* e del *Canzoniere?* Il chiosatore sottolinea enfaticamente lungo il commento passi che per lui richiamano direttamente episodi della reale vita dell'Alighieri. Lo svenimento del poeta nel canto di Francesca viene inteso come il richiamo di ciò che veramente accadde al giovane Dante nell'incontrare Beatrice in casa di Folco (Lac., I, 216). Così al canto XVI *Inf.,* «la corda» che Dante aveva «intorno cinta» è la lussuria —il vero vizio di Dante, insieme alla superbia, per Benvenuto— e le parole «pensai alcuna volta prender la lonza» (*Inf.,* XVI, 107-108) sono collegate dall'imolese all'abitudine di Dante ad adescare «aliquam mulierem vagam, pulcram» (Lac., I, 554).

Di conseguenza il commentatore ci darà continuamente dati biografici riguardanti il poeta. Si potrà così desumere dal suo commento l'intera vita dell'Alighieri (la maggior parte

---

(48) Cf. *supra,* pp. 124, ss.

delle notizie provenienti dalla *Vita di Dante* del Boccaccio) riferita a episodi, atteggiamenti, insinuazioni o accenni vari esistenti nel dettato del poema. Ne esce fuori una figura potente, che nonostante le debolezze umane, si mostrerà sempre di una maestà, morale ed intellettuale, superiore; ferma a principi di lealtà, di austerità, di rigidezza, da attirare a tal punto l'entusiasmo del commentatore che egli piegherà anche la lettera del poema alla sua ammirazione; come quando in *Par.*, XXX, 133 ss., di fronte all'episodio di Beatrice che mostra la corona nel seggio di Arrigo VII, Benvenuto, forzando il dettato all'estremo dell'immaginazione, chioserà: «Unde volo quod intelligas tacite, quod Beatrix ostendit autori sedem ipsius vacuam cum corona laurea suspensa desuper» (Lac., V, 462).

Tuttavia ciò non sostituirà la scarsa messa a fuoco del motivo significante, al di là della lettera, nel protagonista del poema. Benvenuto è troppo preso dall'individualità personale dell'uomo Dante.

Lo stesso accadrà per i caratteri principali del poema, Virgilio, Beatrice, Stazio, ecc., nonchè per altre figure che evidentemente hanno per Benvenuto un significato «figuralis» (che chiama anche «moralis), anche se egli si sforzerà di mostrare come tale significato concordi perfettamente con quello «historialis» di ciascun personaggio. Ciò avverrà perfino nella spiegazione del verso *Inf.*, I, 63 («per lungo silenzio parea fioco») a proposito di Virgilio:

«Sed quare Virgilius figuratur raucus? Ad hoc potest responderi multipliciter: primo, quia longo tempore steterat sine organis et instrumentis formativis vocis, qualia sunt labia, lingua etc.; unde apud poetas saepe inferna appellantur regna silentum. Secundo, potest dici raucus, idest neglectus, quia per multa tempora nullus fuerat ita laudabiliter locutus de Virgilio, nec ita excitaverat eius materiam quasi dormientem sicut autor noster. Tertio, quia humana ratio, quae per Virgilio designatur, est modica in usu hominum, et raro loquitur. Quarto, quia ratio autoris hucusque fuerat rauca; nam de rei veritate autor fuit pauca locutus hucusque: fecerat enim solum quasdam cantiones et sonitia, de quibus postea verecundabatur in maturiori aetate. Quinto, quia Virgilius fuerat tardissimus in sermone, adeo ut fere indocto similis videretur, ut scribit Donatus super Virgilium; ipse etiam Dantes fuit tardiloquus multum, ut alibi patebit. Sic ergo patet multiplex sensus tam historialis, quam moralis, et unusquisque verus» (Lac., I, 43).

Le ragioni riportate sono tutte più o meno riducibili ad un significato «historialis»; ma anche dove il commentatore scorge un significato «moralis» (quali potrebbero essere la terza e la quarta, per esempio) esse si risolvono in un significato letterale, in evento effettivamente accaduto. Si noti che già un'esplicazione «moralis» Benvenuto la leggeva in Pietro di Dante (aveva spiegato il «pareva fioco»: la «ragione» del primo Dante —prima dei trentacinque anni— ingannata e confusa dalle passioni) (49), ma egli non ne accenna. Non può dirsi che non la conoscesse; semplicemente non doveva avere per lui un interesse vero, perciò la scarta. Anche quando di Virgilio egli specifica, proprio alla presentazione iniziale: «figuraliter est ratio naturalis in homine», immediatamente aggiunge: «qui novit scientias et artes liberales» (Lac., I, 42), svuotando perciò l'asserzione del suo significato metafisico e riducendola ad un fatto concreto e specifico. E lungo il commento rileverà continuamente dati biografici del poeta latino in rispondenza esplicativa del dettato poetico. Lo stesso sarà per Beatrice, che senza dubbio, *anagogice* rappresenta la Sacra Teologia (Lac., I, 89), ma l'enfasi sarà posta da

---

(49) Cf. *Petri Allegherii super Dantis ipsius genitoris Comoediam Commentarium*, curante Vincentio Nannucci, cit., p. 35.

Benvenuto su una interpretazione dell'amore di Dante in senso passionale, modellato anzi su quello di Petrarca per Laura (50). Stazio verrà introdotto come esempio della necessaria presenza di un poeta cristiano in *Purgatorio* (Lac., IV, 3-4) e a Catone si farà riferimento esclusivamente nel significato di un Purgatorio «morale», giacchè dai fatti storici della sua vita, sarebbe incopatibile con un *Purgatorio essenziale*.

Benvenuto pertanto presenta di ciascun carattere il senso «historialis» e il senso «moralis», e da ciò si può ricavare la perspicace intuizione che egli ha avuto secondo cui Dante non ha scelto i suoi personaggi a caso e rispetta il senso storico perfettamente. Ma il commentatore piega troppo la lettera del poema ad episodi personali che coinvolgono i singoli caratteri al livello fattuale tanto che la portata significante della *dramatis persona* nell'intendimento di catarsi e di parenesi inteso dall'autore ne risulta svuotata. Era questo certo il prezzo che il chiosatore doveva pagare al nuovo clima intellettuale e culturale in cui veniva a trovarsi.

c) *Unità dell'opera nella connessione delle parti.*

Una caratteristica nuova che Benvenuto apporta al suo commento è il senso di unità dell'opera intesa come un tutto unico, le cui parti sono intenzionalmente legate a formare un'entità non solo nel significato morale del poema, ma anche in quello della sua strutturazione fisica.

L'attenzione a tale particolare aspetto in un'opera letteraria —di natura piuttosto tecnica— doveva derivare a Benvenuto dalla tradizione dei commentari sui classici. Le Egloghe di Virgilio, per esempio, venivano considerate dai commentatori non come dieci lavori poetici, ciascuna con un soggetto in sè

---

(50) Cf. Lac., I, 89.

compiuto, ma come una totalità in cui un unico sottosenso serpeggiava attraverso il complesso delle dieci parti. Tale interpretazione risaliva già ai chiosatori tardo-latini; si può riscontrare nel commentatore virgiliano Servio, ben conosciuto anche dagli umanisti. In Benvenuto il senso della strutturazione dell' opera è fortissimo. È stato notato anche in opere al di fuori della *Commedia* (51). Nel suo commento alle Egloghe virgiliane, egli tende a riportarle all'unità d'interpretazione nei punti in cui altri commentatori tendevano a farne delle entità separate.

Questa caratteristica risalta negli aspetti più svariati del commento: nella struttura fisica delle tre cantiche, nel collegamento letterale ed episodico di ciascun canto all'altro, nella distribuzione di valore nei vari personaggi, nella enumerazione dei sensi allegorici, in richiami verbali, perfino, talvolta, in minuzie che potrebbero rasentare l'artifizio. È sintomatico il fatto che siano stati colpiti dal commento di Benvenuto due studiosi —distanti tra loro— ma particolarmente sensibili alle strutture interne dei lavori letterari, il Castelvetro e l'Auerbach (52). D'altronde il Rambaldi era persuasissimo che l'unità strutturale dell'intero poema fosse nella coscienza del poeta stesso: «o lector, si solerter consideras hoc opus,

---

(51) Cf. Fausto Ghisalberti, *Le Chiose virgiliane di Benvenuto da Imola,* Pubblicazione della reale accademia virgiliana di Mantova, Serie miscellanea, Mantova (1930), vol. IX, p. 75.

(52) Il Castelvetro abbe l'intenzione di pubblicare l'intero commento di Benvenuto ad opera dei Giunti su un antico codice (andato smarrito), cf. Colomb De Batines, *Bibliografia Dantesca,* cit., parte II, p. 303. Per l'Auerbach, cf. Erich Auerbach, *Mimesis, Il Realismo nella letteratura occidentale* (Torino: Giulio Einaudi editore, 1967), seconda ediz., vol. I, pp. 203-204; l'Auerbach sottolinea la perspicacia di Benvenuto nell'aprirsi «una sua propria via attraverso il folto della scolastica» intuendo i vari aspetti dello stile della poesia di Dante. Per un'altro accenno dell'Auerbach su Benvenuto, cf. *ibid.,* p. 170; vedi anche Andrea Ciotti, «Il concetto della *figura* e la poetica della *visione* nei commentatori trecenteschi della Commedia», in *Convivium,* Anno XXX, Nuova Serie (1921), pp. 408-409.

perpendes, quod numquam fuit poeta qui plus habuerit totum suum thema simul collectum prae oculis mentis quoad omnes partes sui, quam autor iste circumspectissimus» (Lac., V, 515).

Il commentatore perciò vede un disegno preordinato quasi in ogni parte della *Commedia,* come anche un preciso ordinamento in qualunque sua sezione, così che ogni disposizione che vi si trovi non è mai messa a caso. Egli nota una precisa uguaglianza strutturale nella composizione fisica dei regni oltremondani, i quali (almeno secondo lui) sono sagomati a disegno architettonico d'anfiteatro (in proposito richiama quello di Verona) (53). Vede una distribuzione ordinata secondo un piano di valori nella enumerazione dei grandi Spiriti nel Limbo. Egli è talmente convinto di tale sapiente classificazione nella mente del poeta che se ne serve perfino come criterio paradigmatico per la ricostruzione del testo (54). Come anche dal fatto che Dante menziona prima Tullio di Seneca, ne deduce che l'Alighieri apprezzava più il primo che il secondo (Lac., I, 178).

I suoi rilievi e scoperte in questa materia sono dei più vari; perspicaci ma anche dei più curiosi: più si stringono i cerchi e più aumenta il dolore (Lac., I, 185); più è grave la colpa e più si deve essere lontani da Dio (Lac., I, 186-187); Virgilio sempre precede perchè «ratio semper praecedit» (Lac., I, 280); Dante mette nel fiume di sangue Alessandro

---

(53) Cf. Lac., I, 185 e III, 43.
(54) Un esempio è in *Inf.,* IV, 137: «Anassagora e Tale», dove Benvenuto pensa ad una corruzione del testo, per «Pitagora e Tale», poichè «sicut scribit Augustinus VII De Civitate Dei circa principium, et ut alii multi dicunt, duplex fuit genus philosophorum, unum grecum, alium italicum, Grecum habuit principium a Talete, de quo hic dicitur; italicum vero habuit principium a Pithagora, qui tamen fuit grecus de insula Samo, sed venit in Italiam, scilicet in Calabriam, quae olim magna Grecia vocabatur;... et forte autor scripsit *Pithagora,* sed litera corrupta est»; ma prudentemente aggiunge «quod tamen non audeo dicere, quia sic invenio in omnibus textibus» (Lac., I, 172-173).

e Dionisio per presentare un esempio di un tiranno dell'oriente ed uno dell'occidente (Lac., I, 408); Aristotele e Platone sono al di sopra di Scipione e Cesare perchè questi esercitarono il corpo, quelli l'animo (Lac., I, 170); il canto XV dell'*Inferno* è degli omosessuali, il XVI *Inf.* è degli eterosessuali. Nota che Dante nella descrizione di cose di secondaria importanza, cammina; per quelle più importanti, si ferma (Lac., II, 10); Virgilio dice a Dante di dir due volte «non son colui, non son colui» (*Inf.*, XIX, 62), perchè prima Nicolò III aveva due volte detto: «Sei tu già costì ritto?» (Lac., II, 45). Evidentemente con questo spirito d'investigazione si può facilmente immaginare il gusto e la perizia che Benvenuto mostra nel trovare le corrispondenze tra peccato e punizione: alcune sono apertamente cavillose, come quando, nella trasformazione dei ladri ai canti *Inf.* XXIV e XXV, nota che alcuni di essi, a differenza di altri, subiscono mutazioni soltanto momentanee, e rileva: «quod aliqui homines sunt fures in mundo isto non ex natura vel prava consuetudine, sed solummodo ad tempus et raro; et aliqui semel tantum toto tempore vitae suae, scilicet quando aliqua res maxima cara offertur sibi cum commoditate et opportunitate temporis et loci» (Lac., II, 210); altre sono addirittura funambolesche, come nella trasformazione al canto *Inf.* XXV, quando nota che gli occhi dei dannati non subiscono cambiamenti: «autor non facit hic mutationem oculorum, sicut caeterorum membrorum, quia, teste Plinio, serpens numquam respicit recte sed oblique, et fur habet de se oculos obliquos tam mentales quam corporales, ideo non expediebat quod conferret visum obliquum, alteri rectum» (Lac., II, 252).

Nonostante la sua perspicacia, o forse proprio a causa di essa, Benvenuto propone delle soluzioni che stravolgono totalmente la struttura fisica dei regni danteschi; secondo, almeno, una tradizione già stabilita.

Un caso è dato dall'interpretazione della geografia fisica

dell'*Inferno*. La cosa è così originale che fa meraviglia che finora non sia stata mai notata. Secondo l'imolese, tra il settimo e l'ottavo cerchio non c'è quell'enorme depressione del terreno per cui è necessario il volo sulla groppa di Gerione per raggiungere il fondo della prima bolgia. I due cerchi, invece, sono semplicemente separati da un fiume, e Gerione servirà appunto per trasportare i due poeti da una riva all'altra, nuotando sulla superficie dell'acqua. Evidentemente il commentatore si troverà di fronte ad enormi difficoltà interpretative di carattere testuale, quali per esempio, «ormai si scende per sì fatte scale» (*Inf.* XVII, 82), «lo scender sia poco» (*Inf.,* XVII, 98), «rota e discende ma non me n'accorgo / se non che al viso e di sotto mi venta» (*Inf.,* XVII, 116-117), ecc. Ma Benvenuto le chiosa imperturbabilmente, senza mai sospettare l'irrazionalità dell'esposizione. Anzi dobbiamo pensare che lo facesse con piena coscienza; non ignorava, difatti, i precedenti commentatori. L'idea poteva essergli derivata dalle varie immagini e similitudini usate dal poeta, quali quelle del marinaio e dell'ancora *Inf.,* XVI, 133-134), de «i burchi» (*Inf.,* XVII, 19), de «lo bivero» (*Inf.,* XVII, 22), o della «navicella» che «esce di loco» (ib., 100), o «sen va notando lenta lenta» (ib., 115), ecc. Potrebbe anche farsi l'ipotesi che egli avesse sotto gli occhi una delle copie della *Commedia* di quelle trascritte dal Boccaccio, in cui è riportato all'inizio di ogni canto un piccolo riepilogo in prosa del genere di quelli che precedono le novelle del *Decameron;* infatti al XVII dell'*Inferno* il riassunto è: «Comincia il canto XVII dello *Inferno;* nel quale l'autore descrive la forma della fraude ed il tormento degli usurieri, e come, saliti sovra Gerione, passarono il fiume» (55). E che il Boc-

---

(55) Dalle rubriche del Boccaccio dell'autografo *Chigiano L. VI, 213;* pubblicato in *La Divina Commedia nella figurazione artistica e nel secolare commento,* a cura di Guido Biagi, cit., vol. I, p. 438.

caccio intendesse effettivamente così si può vedere dalle poche righe che ci son rimaste del suo commento, appena iniziato, del canto XVII dell'*Inferno,* in cui si ha in proposito un accenno esplicito: «perciocchè alloraquando Virgilio cominciò a parlare, giugneva questa fiera sopra l'acqua del fiume dal lato loro»; e ancora: «*Ma in su la riva non trasse la coda:* e così mostra che quella fiera si rimanesse coperta nell'acqua» (56). Troviamo ancora che alcune illustrazioni di manoscritti della prima metà del secolo XIV, riportano le figure dei due poeti trasportati da Gerione, nuotante a centro del fiume con una metà del corpo immerso nell'acqua (57). È probabile una loro influenza sull'interpretazione dell'imolese; il quale, si noti, è l'unico —al di fuori dei citati accenni del Boccaccio— a sostenere esplicitamente tale opinione.

Una seconda stranissima configurazione fisica, sostenuta da Benvenuto, è quella del *Purgatorio:* la montagna si eleva dal mare con la parte più stretta e raggiunge il suo punto più alto con la parte più ampia; intorno vi gira una fascia a serpentina che va dalla base alla sommità dell'Eden e costituirebbe le sette terrazze per la purificazione delle anime (58). Per quanto strana l'idea ha trovato qualche seguace: è condivisa dall'Anonimo (59).

---

(56) *Il Comento di Giovanni Boccacci sopra la Commedia... preceduto dalla Vita di Dante Allighieri scritta dal medesimo,* per cura di Gaetano Milanesi, cit., vol. II, p. 457.

(57) Vedi: Peter Brieger - Millard Meiss - Charles S. Singleton, *Illuminated Manuscripts of the Divine Comedy* (London: Routledge & Kegan Paul, 1969), vol. II, p. 195 c, è mostrata una miniatura giudicata di scuola emiliana o padovana della prima metà del '300: manoscritto London, B. M. Egerton 943, 31v; a p. 196, miniatura di scuola fiorentina (c. 1370): B. N. Palat. 313, 40r; a p. 198, miniatura di scuola italiana dell'inizio della seconda metà del '300: manoscritto Holkham Hall 514, p. 26.

(58) Cf. Lac., III, 83 e 277.

(59) *Commento alla Divina Commedia d'Anonimo Fiorentino del secolo XIV,* a cura di Pietro Fanfani (Bologna: presso Gaetano Romagnoli, 1868), p. 47.

Eccetto queste stravaganti originalità, l'acume interpretativo del Rambaldi si rivela sapientemente efficace e culturalmente dosato in quei passi che hanno sempre costituito il cavallo di battaglia di tutti i commentatori: intendiamo le così dette *cruces* della *Commedia*. Esse risalgono già ai primissimi chiosatori; Pietro di Dante —a soli venti anni dalla morte del poeta— si introduce a parlare del Veltro con un «de quo tantum queritur» (60). Ma naturalmente tali *cruces* differiscono attraverso i secoli col mutare d'interessi e di gusti culturali. Avevano ricevuto particolare enfasi nel periodo della critica storica durante il secondo Ottocento, quando moltissimo materiale è stato raccolto e studiato per le loro risoluzioni. Dopo un periodo di stasi corrispondente al trionfo dell'estetica crociana —tra le due grandi guerre— hanno ripreso vigore con il ricupero della «struttura» come parte della poesia dantesca. Nonostante ritorni spesso l'obiezione circa l'inutilità critica delle ricerche sulla misteriosofia dantesca, noi crediamo che la scoperta di un terreno incognito renda più drammatica l'eccitazione o il pathos intellettuale dell'autore.

Sorvolando sulla prima —intendendo le tre fiere— che non ha subito mutazioni interpretative degne d'esser segnalate (Benvenuto tuttavia ha carpito un'originalità di Guido da Pisa e la fa sua assegnando a ciascuna fiera una parte della triplice età dell'uomo: «luxuria in iuventute, superbia in virilitate, avaritia in senectute», Lac., I, 37) (61), il commentatore registra una soluzione perspicace e dotta sull'interpretazione del Veltro. Nella prima redazione Benvenuto non si era allontanato dall'opinione già espressa da qualche precedente chiosatore, secondo cui il Veltro era inteso come

_____

(60) *Petri Allegherii super Dantis ipsius genitoris Comoediam Commentarium*, curante Vincentio Nannucci, cit., p. 41.
(61) Cf. *Guido da Pisa's Expositiones et Glose super Comediam Dantis or Commentary on Dante's Inferno*, cit., p. 23.

un principe; nell'ultima invece ha un'intuizione acuta ed originale:

«Sed quis erit iste veltrus, de quo multi multa falsa et frivola dixerunt, de quo sunt tot contentiones, tot opiniones? Est ergo, rejectis opinionibus vanis, ad istum passum arduum totis viribus insistendum, et per evidentiam est praenotandum quod Virgilius similem passum ponit libro Bucolicorum Egloga quarta, ubi loquitur de quodam venturo, qui reformabit mundum, et sub quo erit aetas felix et aurea, ubi dicit inter alia verba:

Jam redit et Virgo, redeunt Saturnia regna,
Jam nova progenies coelo dimittitur alto.

Haec litera Virgilii est ambigua; unde multi dixerunt quod Virgilius locutus est de Christo, sicut Augustinus, qui decimo De Civitate Dei, capitulo XXVIII, dicit Virgilium non dixisse hoc a se ipso, sed accepisse a Sibylla Cumana, cuius carmina Virgilius commemorat ibi. Similiter istam opinionem autor noster tangit Purgatorii capitulo XXII. Et forte quia Virgilius fuit magnus astrologus, et fuit parum ante adventum Christi, potuit praevidisse nativitatem eius, et felicitatem illius temporis. Alii tamen dicunt quod Virgilius fuit locutus simpliciter de Augusto; alii de quodam alio. Unde Beatus Hieronimus in proemio supra Bibliam videtur irridere primam opinionem: unde litera Virgilii est indifferens, et potest trahi tam ad Christum, quam ad Augustum. Tamen credo quod simpliciter Virgilius loquatur de Augusto, quem saepe vocat Deum, et invocat in suum favorem saepe in libro Bucolicorum et Georgicorum. Modo ad propositum, Dantes, qui studet imitari Virgilium, voluit facere similem passum ambiguum; unde dico quod illud, quod Dantes dicit de veltro, potest intelligi de Christo, et de quodam principe futuro» (Lac., I, 55-56).

Si fa notare che a questa interpretazione —almeno nella

sostanza— sono ritornati in questi ultimi anni alcuni noti studiosi del dantismo contemporaneo, quali il Vallone, il Roedel, il Pagliaro; quest'ultimo, addirittura come Benvenuto, scorge nel veltro dantesco un carattere di ambiguità (62).

Un'altra *crux* che rivela l'acume del commentatore è l'assoluta novità d'esegesi del verso *Inf., III*, 60 «Colui che fece per viltà il gran rifiuto»; sentitissima allora, molto meno oggi. Benvenuto nega decisamente l'identificazione con Celestino V basandosi sull'assoluta logicità di vita e di pensiero di Dante, che non avrebbe mai contraddetto l'avvenuta canonizzazione del personaggio da parte della Chiesa nel 1313 (Lac., I, 116-120). Per il Rambaldi è l'Esaù biblico che rifiutò per un nonnulla la paternità genealogica del Redentore. Nel frammento di un codice della fine del secolo XIV —conservato nella Marciana, Venezia— l'interpretazione è registrata come propria dell'imolese (63).

Per gli altri enigmi della *Commedia* di tipo allegorico e simbolico, quali Papè Satàn, le Furie con Medusa, il Messo Celeste, la corda misteriosa di *Inf.*, XVI, 106, le quattro stelle all'inizio del *Purgatorio*, Matelda, Cinquecento Dieci e Cinque ecc., Benvenuto in generale segue i suoi predecessori in special modo Pietro di Dante, anche nell'interpretazione originalissima di costui sul Messo Celeste, identificato con

---

(62) Cf. Aldo Vallone, *Del Veltro dantesco* (Alcamo: Edizione Accademia di studi 'Cielo d'Alcamo', 1954); Id., *Studi su Dante medioevale* (Firenze: Olschki, 1965), pp. 127-142; Id., «Note Dantesche: Ancora del Veltro e della preghiera di S. Bernardo in Dante,» in *Letterature Moderne*, VII (1957), pp. 735-738; R. Roedel, «Il proemio della Divina Commedia», in *Svizzera Italiana*, XIX (1959), N. 139, pp. 1-12; A. Pagliaro, «Simbolo e Allegoria della Divina Commedia», in *Alighieri*, IV (1963), N. 2, pp. 3-35.

(63) *Codice Marciano Zanetti* LIV, cf. *Bullettino della Società dantesca italiana*, I Serie: Studi - N. 15 (1899), p. 79: «Comuniter omnes exponentes intelligunt de Papa Celestino, sed doctor meus megister Benvenutus de Imola intelligit et exponit de Esau, qui vilissima causa refutavit primogenituram patris».

Mercurio, Dio dell'eloquenza (64). Tuttavia si mostra sempre più scaltro nelle argomentazioni, adducendo più spesso prove desunte dall'interno del poema, con l'intelligente metodo critico di spiegare Dante con Dante. Non mancano punti marginali in cui dissente dagli altri; così «la prima gente» che vide le «quattro stelle» (*Purg.*, I, 24), per il Lana e Pietro di Dante sono i popoli dell'età di Saturno o dell'età aurea (65); per Benvenuto sono i sapienti del periodo pagano (Lac., III, 16). La presenza di Catone è da intendersi solo per il *Purgatorio morale* non per quello *essenziale,* ostacolando a giudizio di Benvenuto, l'atto suicida del censore romano (Lac., III, 17). Di formidabile intuizione chiosastica è il rapporto strutturale e allegorico tra Catone e Matelda, sabbene presentato soltanto con un fugace accenno (Lac., IV, 164). L'interpretazione del «Cinquecento Dieci e Cinque» (*Purg.*, XXXIII, 43) insieme a quella del «soccorritore» in *Par.*, XXVII, 63, sono di particolare importanza sia perchè ci offrono una prova della realtà dell'evoluzione interpretativa del commento benvenutiano, sia perchè ci spiegano l'enorme sbilancio quantitativo di chiosa —riscontrabile nel commento— tra i primi canti e gli ultimi. Benvenuto risolve ambedue gli enigmi con l'identificazione di un principe rinviando alla propria interpretazione del Veltro al canto I, *Inf.*, 101 (Lac., 273 e V, 393). In realtà l'identificazione del Veltro al canto I, *Inf.*, è spiegata da Benvenuto non facendo riferimento ad un principe, ma come creata dal poeta con intenzionale ambiguità; invece è nella prima redazione (Stefano Talice) che il Veltro veniva effettivamente identificato con un principe. Questo

---

(64) Cf. *Petri Allegherii super Dantis ipsius genitoris Comoediam Commetarium,* curante Vincentio Nannucci, cit., pp. 124 ss.; Lac., I, 316 ss.

(65) *Comedia di Dante degli Allagherii col commento di Jacopo della Lana,* a cura di Luciano Scarabelli, cit., p. 14; *Petri Allegherii super Dantis ipsius genitoris Comoediam Commentarium,* curante Vincentio Nannucci, cit., pp. 295-296.

sta chiaramente a dimostrare che il Rambaldi veniva riesaminando e ristudiando, con più matura preparazione e considerazione, i problemi esegetici più inpegnativi della *Commedia;* ma il lavoro purtroppo non è stato compiuto. Un'altra inequivocabile conferma di ciò ci viene dalla chiosa ai versi *Purg.,* IX, 13-14, in cui il commentatore, dopo aver narrato la favola di Progne e Filomela, promette la spiegazione allegorica nella prossima chiosa del canto XVII, *Purg.,* 19-20. Ma a questo preciso punto si legge: «Et hic nota, quod huius fabulae, quae posita est plene supra capitulo IX, allegoria est etc.» (Lac., III, 456). L'*etc.* è di Benvenuto, e la promessa non è mantenuta (la nota continua con un'altro soggetto). Ciò significa che il commentatore la stava ancora elaborando, ma non ha avuto mai il tempo di stenderla.

È un vero peccato che Benvenuto non abbia potuto rimeditare l'intero commento; i suoi ultimi interventi sono decisamente intelligenti e dotti.

IL CARATTERE DI BENVENUTO

Ogni opera è uno specchio del suo artefice; e il commento di Benvenuto rivela —attraverso la spontaneità della prosa e la sincerità della riflessione— la personalità del suo autore sempre in sintonia con il continuo pathos che anima i versi del poeta.

È una peculiarità del suo commento l'immedesimarsi con il poeta e partecipare, vivere e lottare per i medesimi ideali. Peculiarità questa che è frutto di appassionata ammirazione e di sentito entusiasmo non solo per un Dante-letterato, ma anche per un Dante-uomo: «Dantes ingressurus viam virtutis moralis sequitur consilium Senecae, et elegit Catonem rigidum, quia ipse etiam multum fuit rigidus et durus;... ego mihi elegi ipsum Dantem» (Lac., III, 18).

Al canto XV dell'*Inferno,* col poeta fiorentino freme d'indignazione contro i maestri dello Studio di Bologna, corruttori dei loro studenti, e li accusa pubblicamente rischiando la propria carriera e la stessa vita (Lac., I, 523-524). Con Dante si immedesima nel fustigare la corruzione ed il lusso negli alti ranghi della Chiesa (Lac., II, 118, 122; IV, 305; V, 289); nel denunciare l'estorsione ed i guadagni per la vendita delle indulgenze e l'abuso delle scomuniche (Lac., V, 227); come anche gli enormi profitti e latrocinii di uomini politici, tiranni e principi, dei quali potrebbe apertamente dichiarare i nomi (Lac., II, 260). Condivide l'ansia del poeta di rivedere la Chiesa romana nella sede di Pietro e perciò accomuna il personaggio di Urbano V, che aveva ricondotto la sede papale a Roma ma tornò a morire ad Avignone, con la santità di... Ser Ciappelletto (Lac., V, 262). Ma non dimentica di lodare uomini di pietà e di scienza (il Cardinale di Bologna, per esempio, Lac., I, 523), e di esaltare la vita di povertà e di preghiera di alcuni ordini religiosi (Lac., V, 301).

Anche con il poeta fiorentino si immedesima nel riconoscimento dei propri difetti umani: «Et hic nota, quod poeta noster a juventute fuit superbus ratione nobilitatis, scientiae et boni status; sed certe bene portavit onus suum in vita, onus dico exilii, paupertatis et invidiae aliorum. Et certe de me audeo dicere cum bona conscientia illud idem, scilicet, quod fui aliquando magis superbus quam invidus; sed certe jam bene portavi saxum in mundo» (Lac., III, 370). Col poeta fiorentino si identifica e in lui si idealizza «exul immeritus», così che la chiosa del commento cammina strettamente unita alla risentita psicologia del fiero poeta toscano, e nello stesso tempo è ricondotta ad una profetica vendetta giustiziera attesa dall'alto (Lac., III, 181; V, 193). Comune è lo spassionato amore per l'Italia, che esplode in una prosa che si snoda in chiave insieme entusiasta e melanconica: «... Italia est pulcrior domus mundi, cuius arx, sive caput est Roma, cuius gloriae totus orbis terrarum angustus fuit.

Tuscia est eius camera, quia est pars ornatissima et ordinatissima huius domus... Lombardia est sala, quia ibi sunt magnae potentiae ... Romandiola est hortus romanus, tota virens, tota fertilis et amoena. Marchia anconitana est cellarium, quia ibi sunt vina suavissima omnium, olea, mella, ficus. Apulia est stabulum, quia ibi sunt nobilissimi equi; ibi paleae, foena, stramina, camporum planities... Marchia tarvisina est viridarium huius nobilissimae domus, habens arbores altas, floridas, Venetias, Veronam et Paduam... Sed proh dolor! in haec tempora infelicitas mea me deduxit, ut viderem hodie miseram Italiam plenam barbaris socialibus omnium nationum... Ubi pax, ubi libertas, ubi tranquillitas in Italia?...» (Lac., III, 184; I, 401; III, 181); comune è anche l'illustre orgoglio per la propria terra natale: «... Imola... siquidem parva civitas, saepe magna et nobilia producit ingenia...»; e per non parer *suspectus in causa propria* continua con il giudizio di un altro scrittore: «Sunt Cornolienses ingenio sagaces, facundia eloquentes, viribus fortes, etc... (Lac., II, 313). (66).

Non vogliamo concludere senza accennare ad una prerogativa che crediamo unica tra tutti i commentatori del Trecento: alla «veste della sentenza», per cui il lettore non può scorrere una pagina senza desiderare la seguente (almeno questo è quel che noi proviamo). Il commento è condotto con una prosa briosa, fresca, scoppiettante; svariata e trapuntata da sentenze proverbiali, battute umoristiche, quadretti di genere, bozzetti disegnati a punta di penna, osservazioni psicologiche, richiami folcloristici, assennate avvertenze di sana filosofia popolare condita di buon senso; nè il commentatore dimentica il prurito del suo secolo: il gusto del novellare e il realistico aneddoto edificante o motteggiatore, che egli stesso sembra assaporare nell'atto in cui lo presenta.

---

(66) Benvenuto cita il *Magister Legendarum,* Jacopo da Varagine.

Tutto ciò avvince il lettore e fornisce cibo per i palati più diversi. Questo anche spiega la varia fortuna del commento di Benvenuto malgrado il mutamento dei gusti letterari e l'avvicendarsi delle generazioni.

ORIGINALITÀ DEL COMMENTO DANTESCO
DI BENVENUTO

Nato in un eccezionale periodo di rinnovamento culturale, il commento di Benvenuto da Imola alla *Commedia* presenta caratteristiche che lo distinguono in maniera netta dai commenti precedenti.

Ad uno sguardo retrospettivo, dopo quanto abbiamo detto, la sua chiosa appare, nell'ormai costituita storia dell'interpretazione dantesca, in una dimensione tutta nuova, in grado di segnare una svolta radicale nella critica del poema. Dante non è principalmente il Theologus-poeta e neppure il poeta-Theologus; quello invece che colpisce ora il commentatore è il Dante *Rethor et Philologus*. Benvenuto non è colpito dall'altezza della dottrina messa in poesia, ma dalla grandezza della poesia che esprime la dottrina. Nei grandi commenti precedenti, questo elemento era apparso soltanto secondario: per Guido, Dante era principalmente il *Theologus* e il *Propheta;* per Pietro, Dante era colui che aveva richiamato la sapienza dei classici alla dottrina dei Padri e alla tradizione ecclesiastica. Lo stesso Boccaccio, anche se più sensibile dei suoi predecessori all'arte retorica e alla bellezza formale, coll'accostarsi a Guido da Pisa e con l'imitarne le forme, denota un forte attaccamento al dettato parenetico-escatologico, quando addirittura la grinta del vecchio moralista non sopraffà del tutto il dettato poetico.

Benvenuto invece vede in Dante il Rethor e il Philologus; insomma l'artista che sa esprimere, o meglio, vivificare con appropriatezza e bellezza formale la sostanza che gli urge dentro; ricollegandolo ai classici massimamente per questa sua classicità. In particolare, il commentatore è attratto: dall'elaborazione della *fictio* in appropriatezza al contenuto; dal modo come l'arte dell'eloquenza è manovrata per dar vita all'idea; dai colori della veste nel suscitare varie sensazioni estetiche; e dall'agone poetico con i grandi classici che nel poema si svolge.

Non che dimentichi del tutto le urgenze di pensiero del poeta, sostanziate nella sintesi quintessenziale dantesca dell'*homo politicus* e l'*homo religiosus* o —per esprimerci col commentatore stesso che singolarizza l'esperienza dell'autore— del *catholicissimus* o del *ghibellinus* (nel preciso senso benvenutiano) (1); ma il commentatore le ritiene supposte; non dà loro enfasi; esse appaiono come materia da trattarsi o da presentarsi, non come sostanza da formare la poesia stessa.

Senza dubbio si trovano dichiarazioni esplicite sulla poesia-Teologia e sul suo *morale negotium,* espresse ad apertura di commento (2); ma è chiarissimo che il commentatore sta qui

---

(1) «Et sic nota quod Dantes fuit guelphus et ex guelphis parentibus, quamvis multi contrarium dicere et affirmare conentur, vel ex ignorantia, vel ex animositate. Et ut alias rationes omittam, Dantes non fuisset Florentiae in magno statu, et in MCCC unus de regentibus et regnantibus, si fuisset ghibelinus nobilis, quum iam per tot tempora ante ghibelini essent expulsi et dispersi de Florentia. Tamen autor noster guelphus originaliter, post expulsionem suam factus est ghibelinus, imo ghibelinissimus, sicut aperte scribit Boccacius de Certaldo in suo libello de vita et moribus Dantis; unde, quod ridenter refero, quidam partificus, hoc audito, dixit: vere hic homo numquam facere poterat tantum opus, nisi factus fuisset ghibelinus» (Lac., I, 339).

(2) Cf. Lac., I, 9-10.

seguendo un canovaccio teorico, camminando sulla tradizione dei suoi maestri, risalente più immediatamente al Mussato e continuata dal Petrarca fino al Boccaccio. Quando invece, nell'interno dell'opera, stende la chiosa ispirato dalla parola concreta e viva del verso del poema, Benvenuto è attratto dagli interessi retorici, quelli che solleticavano i nuovi gusti della cultura del suo tempo. La tecnica chiosastica, perciò, gli nasce spontanea; è quella che l'*autorista* usa per gli antichi classici, per Virgilio, Ovidio, Orazio, Lucano; apprestata al nuovo sentire del letterato umanista. Egli non separerà l'esposizione letterale da quella allegorica (come si ritrovava in Guido e Boccaccio); egli non formerà blocchi di terzine a specificare temi di dottrina in sè compiuti (come in Jacopo Alighieri, Graziolo Bambaglioli e Pietro di Dante); nè fisserà tematiche iniziali con parziali esplicazioni di singoli versi (come aveva fatto il Lana). La chiosa rambaldiana invece ferma e unifica la *expositio,* la *explicatio,* la *refutatio* insieme all'appropriatezza della *comparatio,* all'esattezza del *verbum* grammaticale, alla disposizione e duttilità sintattiche della sentenza. Insomma era un commento scritto per letterati. Era il commento del tempo.

Il successo infatti fu immediato. L'Anonimo fiorentino, l'ultimo dei commentatori trecenteschi ed il primo subito dopo Benvenuto, lo segue con fiducia assoluta, facendo sue le interpretazioni più strane (3) e financo intendendo stranamente

(3) L'erronea interpretazione di Benvenuto sulla configurazione fisica del Purgatorio, concepito in figura di cono rovesciato («hic mons incipit ab arcto et gradatim ascendendo semper ampliatur», Lac., III, 83) è seguita dall'Anonimo Fiorentino, cf. *Commento alla Divina Commedia d'Anonimo Fiorentino del secolo XIV,* a cura di Pietro Fanfani (Bologna: presso Gaetano Romagnoli, 1868), tomo II, p. 47.

le notizie più normali (4). Del commento di Benvenuto apparve anche, a fine secolo, una traduzione in volgare (5).

Nel Quattrocento, in pieno trionfo dei classici antichi, il suo influsso si ritrova senza eccezione in tutti quei pochi commenti che vennero in quell'epoca scritti. All'inizio del secolo il Serravalle riporta chiose copiate verbatim dalla seconda redazione rambaldiana (6). Il Bargigi a circa metà secolo se ne serve continuamente. Nella seconda metà, un umanista minore, Matteo Chiromonio, produce un commento in cui è difficile distinguere ciò che è originale da ciò che è di Benvenuto (7). Nello stesso tempo un anonimo riprendeva dal commento rambaldiano i punti d'interesse letterario in una copia la cui paternità veniva assegnata nientedimeno che

---

(4) Il racconto di Benvenuto, nel canto degli ignavi, d'una propria esperienza accadutagli ad Avignone («*e sì lunga tratta di gente li venia dietro, ch'io non avrei creduto,* idest non credere potuissem, antequam viderem istam turbam maximam, *che morte n'avesse disfatta tanta.* Et verum dicit: isti enim sunt ribaldi, ragacii, pultrones, pugnotarii, gallinarii, saccarii, quorum vilis et imbecillis multitudo est innumerabilis, infinita; nec ego unquam credidissem tot esse ribaldos in mundo, quot vidi semel ad pagnotam in Avinione, nec mirabor unquam quando videbo Italiam repletam istis, tot vidi saepe in Provincia et Sabaudia», Lac., I, 116) è fraintesa dall'Anonimo come se fosse accaduta a Dante stesso («Et qui dice alcuno chiosatore che, trovandosi l'Autore a Vignone, et veggendo tanti gaglioffi quanti sono quelli che seguitano la corte del Papa, egli usò di dire le parole del testo, che mai non avrebbe potuto credere che la natura n'avesse tanti fatti quanti quelli erano», cf. *Commento alla Divina Commedia d'Anonimo Fiorentino del secolo XIV*, a cura di Pietro Fanfani, cit., tomo I, p. 68.

(5) Cf. Colomb De Batines, *Bibliografia Dantesca* (Prato: Tipigrafia Aldina Editrice, 1846), parte II, pp. 315-316.

6. Cf. Michele Barbi, «Il ms. Ashburnhamiano 839 e il commento di Fra Giovanni da Serravalle», in *Studi Danteschi*, vol. XVIII (1934), pp. 79-98.

(7) Cf. Colomb De Batines, *Bibliografia Dantesca*, cit., parte II, p. 199 e p. 315; L. M. Rezzi, *Lettera a Giovanni Rosini... sopra i manoscritti Barberiniani commenti alla Divina Commedia* (Roma: 1826), pp. 31-33; P. Beltrani, *Maghinardo Pagani da Susinana* (Faenza: 1908), pp. 82-105; C. Rivalta, *Relazione del comitato dantesco faentino...* (Faenza: 1922), pp. 14-15; A. Campana, «Il sepolcro di Ugolino», in *Valdilamone*, XIII, n. 2 (apr.-giu. 1933), pp. 29-30.

a Marsilio Ficino (8). Nell'ultimo quarto di secolo, il Landino, che avvertiva uno stacco con la civiltà di pensiero del suo grande compatriota, per riallacciarvisi ritornava agli antichi, ma particolarmente al commento di Benvenuto (9). Il com-

---

(8) Cf. Colomb De Batines, *Bibliografia Dantesca*, cit., parte II, pp. 201-202; Gelasio Caetani, *La prima stampa del codice Caetani della Divina Commedia* (Sancasciano Val di Pesa: Tip. Fratelli Stianti, 1930).

(9) Già nel 1521 Girolano Claricio accusava il Landino d'aver «dirivato frodosamente quasi tutto il suo commento» da quello di Benvenuto (cf. Girolamo Claricio, *Apologia di Gieronimo Claricio contra Detrattori della poesia di messere Giouanni di Boccacio al molto magnifico messer Gioua. Philippo di Roma. Gentil huomo Milanese* (Milano: in aedibus Zannetti Castellionis, 1521), fac. 16. Il Barbi limitava la derivazione del Landino da Benvenuto, ad alcuni passi storici (cf. M. Barbi, *Della fortuna di Dante nel secolo XVI* [Pisa: Tipografia T. Nistri e c., 1890], p. 170). In verità troviamo che il Landino si serve di Benvenuto —copiandolo alla lettera— anche in momenti non assolutamente necessari, come si può vedere nell'attacco iniziale di qualche canto:

BENVENUTO

«Postquam in superiori capitulo proxime praecedenti autor noster descripsit suum ascensum ad speram octavam per signum geminorum; nunc consequenter in isto XXIII capitulo describit curiam triumphantem quae apparet in ipsa octava spera, et suum escensum ad nonam speram: et praesens capitulum potest breviter dividi in quatuor partes generales. In quarum prima autor describit dispositionem Beatricis, quae ipsum apparavit ad videndum triumphantem ecclesiam venientem. In secunda describit ducem huius exercitus triunphalis, ibi: *Quale nei plenilunii*. In tertia describit militiam quae sequitur ad ipsum ducem, ibi: *Perchè la faccia*. In quarta et ultima describit nonam speram, ibi: *Lo real manto*» (Lac., V, 313).

LANDINO

«Haveva l'autore nel precedente capitolo descripto el suo ascenso all'ottava spera pel segno de Gemini, Et al presente in questo XXIII cap. tracta della corte trionphante, la quale qui gli apparisce, Et di poi sale nella nona spera. Adunque nella prima parte pone la disposizione di Beatrice, la quale lo preparò ad veder la Chiesa trionphante. Nella seconda descrive el duca di questo exercito. Nella terza la milizia che lo seguita. Nella quarta descrive la nona spera. Ecc.» (Cf. *Comento di Christoforo Landino Fiorentino sopra la comedia di Dante poeta excellentissimo* [Venezia: Pietro Cremonese, 1491], fac. CCLXXb).

— 167 —

mento del Landino, edito a stampa, avrebbe fatto dimenticare i commenti trecenteschi. Riportandone continuamente le dichiarazioni, venne a formare quasi un'antologia utilizzabile al posto dei vecchi manoscritti originali dei commenti seniori, più difficilmente raggiungibili. Riscuoteva larga fortuna e se ne facevano ristampe fin nel Seicento (10). Sarà possibile così vedere Benvenuto citato tramite il Landino. Uscendo il dantismo da un lungo periodo di depressione, agli inizi del secolo decimottavo il Muratori riproponeva il commento rambaldiano particolarmente per la sua importanza storico-informativa. A fine secolo, con la rinascita degli studi filologici ritornava l'interesse per i commentatori seniori e si iniziava una critica selettiva, primamente suscitata e seriamente condotta da Gian Giacomo Dionisi. Con le varie edizioni dei commentari del Trecento lungo tutto il secolo decimonono, il commento di Benvenuto era tra i primi ad esser pubblicato, anche se tra i più svantaggiati perchè uscito in una traduzione che era un vero tradimento (11). L'edizione originale del 1887 per opera del Lacaita rendeva il commento di facile accessibilità ai dantisti. L'utilizzazione può dirsi di carattere esclusivamente storico filologico —come, del resto, avviene per gli altri commenti seniori. Il Momigliano coglieva nell'imolese un moderno sentire poetico, e nel proprio commento ne rileva di continuo momenti interessanti.

---

(10) L'ultima ristampa del commento del Landino è del 1664; cf. l'Appendice: «Serie dell'edizioni della Divina Commedia», in *Rime profane e sacre di Dante Alighieri* (Firenze: per Leonardo Ciardetti, 1830), vol. V, p. 810.

(11) Cf. *Benvenuto Rambaldi da Imola illustrato nella vita e nelle opere e di lui commento latino sulla divina Commedia di Dante Alighieri*, voltato in italiano dall'avvocato Giovanni Tamburini (Imola: Tipografia Galeati, 1855); e per il giudizio sull'opera, cf. L. G. Blanc, *Versuch einer blos philologischen Erklärung der Göttlichen Komödie*, Halle, 1860; Charles Eliot Norton, «A Review of a translation into Italian of the Commentary by Benvenuto da Imola on the Divina Commedia», in *The Atlantic Montly*, May 1861.

La svolta costituita da Benvenuto nel filone interpretativo della *Commedia* —a poco più di sessant'anni dal suo inizio— consiste nell'adeguamento del «poema sacro» ai nuovi intendimenti della società culturale italiana centro-settentrionale, sullo scorcio del secolo XIV. Il risultato è una lettura dantesca in chiave letteraria, precisamente retorica e poetica.

Ciò è stato determinato da due fattori principali: dalla preparazione professionale del commentatore e dalle particolari tendenze di pensiero dell'epoca.

Da Jacopo di Dante al Boccaccio, nessuno dei chiosatori era stato un *autorista* di professione; di nessuno di essi si ha un commento ad un'altra qualsiasi opera letteraria. Il loro approccio alla *Commedia* era avvenuto pressochè esclusivamente per una necessità esplicativa del contenuto dottrinale. Le aperture verso la poesia riscontrabili in Guido, Pietro e nel Boccaccio sono di incidenza. Per Benvenuto invece il commento era un'altra opera che si aggiungeva —nella sua attività professionale di commentatore di classici— a quelle già eseguite per Virgilio, Lucano, Seneca, Valerio Massimo e Petrarca. Prima di Benvenuto la cultura del momento era dominata dalle arti maggiori e l'interpretazione dantesca s'imperniava su prospettive teologiche che ne condizionavano anche la tecnica espositiva. L'*autorista* era ancora l'ultimo per prestigio nella scala delle professioni culturali: «Qui perfectus fieri nequeat artista / Vel propter penuriam rerum decretista, / Saltem illud appetat ut sit autorista! / Sicque non ingloriosus erit latinista / ... Tamen se non preferat doctoribus claris» (12), scriveva Ugo di Trimberg nella seconda metà del secolo decimoterzo. La rispettabilità del retore che si era venuta sviluppando con il Mussato e che si era consolidata con l'autorità

---

(12) Hugo von Trimberg, *Das 'Registrum multorum auctorum'*, Untersuchungen und kommentierte Textausgabe von Karl Langosh (Berlin: E. Ebering, 1942), 1. 43 ss.

del Petrarca, si trasformava in un'aristocrazia intellettuale col Salutati. Ed era precisamente questo il periodo di composizione dell'ultimo commento di Benvenuto. Si verificava ora il prevalere della retorica sulla dialettica; in questo tempo veniva formandosi la figura dell'umanista —lo studioso ed il maestro di retorica, storia, filologia e poesia— che avrebbe poi dominato per molti anni a venire. Col recupero di valore del culto dei classici, Benvenuto— sulla falsariga della tradizione chiosastica dei poemi «letterali» traslata al «Classico» in volgare —ci apprestava il più moderno dei commenti antichi, fissando una chiosa del poema dantesco che è sostanzialmente quella arrivata sino a noi.

All'enfasi letteraria caratteristica del commento non sono estranee la crisi di pensiero verificatasi sullo scorcio del secolo in cui visse Benvenuto e le nuove prospettive filosofiche, neo-agostiniane e nominalistiche che tendevano ad imporsi con il decadere della scolastica, specialmente di tendenza aristotelico-averroistico-tomistica che aveva costituito l'ambiente di cultura in cui si era formato il pensiero dell'Alighieri.

È proprio qui che avviene lo stacco maggiore rispetto ai precedenti commentatori e l'interpretazione rambaldiana subisce esegeticamente un cambio profondo. Il suo commento è una testimonianza che la sua cultura non è più quella dell'autore del poema. Il genuino sentire dell'Alighieri, il cui scopo essenziale dell'opera era il compimento d'una catarsi nell'uomo —come nell'umanità— verso un suo ultimo fine, viene svuotato dal Rambaldi su un raggiungimento di alta supremazia poetica.

Tuttavia, anche se volto così in avanti, Benvenuto in realtà non si trovava che sulla soglia della nuova era. Le sue basi culturali erano necessariamente provenienti da una cultura che era stata quella di Dante. Ecco perciò che a chiusura di ogni cantica la chiosa è ricondotta —anche se *per obliquum*— al richiamo parenetico del fine del poema. In questo senso il commentatore imolese può dare all'interprete contemporaneo qualcosa di più di quel che ordinariamente si cerca negli antichi. Oltre cioè ad un migliore intendimento di un ambiente di cultura, di indirizzi di pensiero, di notizie su personaggi ed episodi, in altre parole un'illuminazione storica e filologica su momenti per noi solo oscuramente percepibili; c'è nel commento dell'imolese il richiamo non del tutto dimenticato, all'intendimento catartico dell'Alighieri. Quello che —dopo i chiosatori più vicini al poeta —è venuto man mano diminuendo ed è tuttora difficilmente reperibile nei contemporanei, ma che, in questa seconda metà di secolo, il Wilkings, con illuminata sensibilità, limpidamente ripropone: «The Comedy is the greatest of all poems, yet it is only secondarily a poem: it is primarily an instrument of salvation» (13) Soltanto nell'equilibrato rilievo delle due coordinate: fine e mezzo, si ha una compiutezza di esplicazione della *Commedia*. La caduta di una di esse è la caduta del perfetto intendimento del poema sacro.

---

(13) Ernest Hatch Wilkins, *A History of Italian Literature* (Cambridge, Mass.: Harvard University Press, 1968), p. 61. L'idea era già stata esposta dal Wilkins nel 1921, l'anno stesso in cui usciva *La Poesia di Dante* del Croce, in *Dante: Poet and Apostle* (Chicago: University of Chicago Press, 1921).

BIBLIOGRAFIA

Anonimo Fiorentino, *Commento alla Divina Commedia d'Anonimo Fiorentino del secolo XIV*, a cura di Pietro Fanfani. 3 voll., Bologna: Presso Gaetano Romagnoli, 1868.

Auerbach, Erich. *Mimesis, Il Realismo nella Letteratura occidentale*. Seconda ediz., 2 voll., Torino: Giulio Einaudi editore, 1957.

Baldelli, Giovanni Battista. *Vita di Giovanni Boccaccio*. Firenze: C. Ciardetti e comp., 1806.

Baldisserri, Luigi. *Benvenuto da Imola*. Imola: Stabilimento tipografico imolese, 1921.

Bambaglioli, Graziolo. *Comento alla Cantica dell'Inferno di Dante Allighieri di autore anonimo*. A cura di Lord Vernon. Firenze: Tipografia di Tommaso Baracchi, 1848.

Barbi, Michele. *Della fortuna di Dante nel secolo XVI*. Pisa: Tip. T. Nistri e c., 1890.

— «Il testo della 'lectura' bolognese di Benvenuto da Imola nel cosiddetto Stefano Talice da Ricaldone», in *Bullettino della Società Dantesca Italiana*. Firenze: 1908, Nuova Serie, vol. XV.

— «Per gli antichi commenti alla Divina Commedia», in *Studi Danteschi*. Firenze: 1925, vol. X.

— «La lettura di Benvenuto da Imola e i suoi rapporti con altri commenti», in *Studi Danteschi*. Firenze: 1932, vol. XVI.

— «Il ms. Ashburnhamiano 839 e il commento di Fra Giovanni da Serravalle», in *Studi Danteschi*. Firenze: 1934, vol. XVIII.

Beltrani, P. *Maghinardo Pagani da Susinana*. Faenza: 1908.

Benvenuto Rambaldi da Imola. *Comentum super Dantis Aldigherii Comoediam*, curante Jacopo Philippo Lacaita. Firenze: G. Barbera, 1887, 5 voll.

Betussi, Giuseppe. *Genealogia de gli Dei. I quindeci libri... sopra la origine et discendenza di tutti gli Dei de' gentili... Tradotti et adornati per M. Giuseppe Betussi... Aggiuntavi la vita del Boccaccio*. Vinegia: Comino da Trino, 1547.

Biagi, Guido. *La Divina Commedia nella figurazione artistica e nel secolare commento*. Torino: Unione Tipografica-Editrice Torinese, 1924, 3 voll.

Blanc, L. G. *Versuch einer blos philologischen Erklärung der Göttlichen Komödie*. Halle: 1860.

— *Vocabolario Dantesco o Dizionario critico e ragionato della*

Divina Commedia di Dante Alighieri ora per la prima volta recato in Italiano da G. Carbone. Firenze: G. Barbera editore, 1890.

Boccaccio, Giovanni. *Il Comento di Giovanni Boccacci sopra la Commedia... preceduto dalla Vita di Dante Allighieri scritta dal medesimo.* A cura di Gaetano Milanesi. Firenze: Felice Le Monnier, 1863, 2 voll.

— *L'Amorosa Visione.* A cura di Vittore Branca. Firenze: G. C. Sansoni, 1944.

Brieger, Peter - Meiss, Millard - Singleton, Charles S. *Illuminated Manuscripts of the Divine Comedy.* London: Routledge & Kegan Paul, 1969, 2 voll.

Buti, Francesco da. *Commento di Francesco da Buti sopra la Divina Commedia di Dante Alighieri.* A cura di Crescentino Giannini. Pisa: Fratelli Nistri, 1862, 3 voll.

Caetani, Gelasio. *La prima stampa del codice Caetani della Divina Commedia.* Sancasciano Val di Pesa: Tip. Fratelli Stianti, 1930.

Campana, Augusto. «Il sepolcro di Ugolino», in *Valdilamone*, XIII, n. 2; apr.-giu. 1933.

— «Antico epitafio di Benvenuto da Imola in un codice imolese del commento dantesco», in *Studi Romagnoli*, VI, 1955.

Casini, Tommaso. *La Divina Commedia di Dante Alighieri*, Firenze: 1889.

Ciotti, Andrea. «Il concetto della *figura* e la poetica della *visione* nei commentatori trecenteschi della Commedia», in *Convivium*, Nuova Serie, Anno XXX, 1962.

Claricio, Girolamo. *Apologia di Gieronimo Claricio contra Detrattori della poesia di messere Giouanni di Boccacio al molto magnifico messer Gioua. Philippo di Roma. Gentil huomo Milanese.* Milano: in aedibus Zannetti Castillionis, 1521.

Codice Ashburnhamiano 839. Firenze: Biblioteca Laurenziana.

Contini, Gianfranco. *Letteratura Italiana delle Origine.* Firenze: G. C. Sansoni, 1970.

Croce, Benedetto. *La poesia di Dante.* Bari: Laterza, 1943.

Dante Society, Cambridge, Mass. *Circulars concerning a proposed publication of the «Comment on the Divine Comedy by Benvenuto da Imola» with a list of addresses to which they were sent, 1881.* Widener Library, Harvard University, Cambridge, Mass.

De Batines, Colomb. *Bibliografia Dantesca.* Prato: Tipografia Aldina Editrice, 1846, tomi 2.

Denifle, Heinrich. *Die universitaten des mittelalters bis 1400.* Berlin: Weidmann, 1885, 2 voll.

Dionisi, Gian Giacomo. *Serie di Aneddoti.* Particolarmente: per l'Aneddoto IV: *Saggio di critica sopra Dante*, Verona: per l'erede Merlo, 1788; per l'Aneddoto V: *De' Codici Fiorentini*, Verona: per li eredi Carattoni, 1790; per l'Aneddoto VI: *De' blandimenti funebri, o sia delle acclamazioni sepolcrali cristiane*, Padova: nella stamperia del Seminario, 1794.

Di Pretoro, Francesco. *La Divina Commedia nelle sue vicende attraverso i secoli.* Firenze: Felice Le Monnier, 1963.

Fiammazzo A.-Vandelli G. «Contributi all'edizione critica della Divina Commedia: I codici veneziani», in *Bullettino della Società Dantesca Italiana*. I Serie: Studi, No. 15, 1899.

Filargirio. «Iunii Philargyrii Grammatici, Explanatio in Bucalica Virgilii», in *Servi Grammatici qui feruntur in Virgilii Carmina Commentarii*, recenserunt Georgius Thilo et Hermannus Hagen. Lipsiae: in aedibus B. G. Teubneri, 1902.

Fontanini, Giusto. *Biblioteca dell'eloquenza italiana*. Venezia: presso G. Pasquali, 1753.

Frati, Ludovico. «Un compendio del commento di Benvenuto da Imola», in *Giornale Storico della Letteratura Italiana*. Anno 1922, vol. LXXX.

Gabotto, Ferdinando. «Alcuni appunti sul teatro in Piemonte nel sec. xv e su Stefano Talice da Ricaldone», in *Biblioteca delle scuole italiane*, V, 1893.

Gasperoni, G. *Gli studi danteschi a Verona nella seconda metà del Settecento*. Verona: 1921.

Ghisalberti, Fausto. *Le chiose virgiliane di Benvenuto da Imola*. Pubblicazione della reale Accademia virgiliana di Mantova. Serie miscellanea. Mantova: 1930, vol. IX.

Goldstein, Harvey D. «Enea e Paolo: A Reading of the 26th Canto of Dante's Inferno», in *Symposium*, 1965, XIX, 4.

Guatteri Giuseppe. *Il Romuleo di Mess. Benvenuto da Imola volgarizzato nel buon secolo*. Bologna: presso Gaetano Romagnoli, 1867.

Guido da Pisa. *Guido da Pisa's Expositiones et Glose super Comediam Dantis or Commentary on Dante's Inferno*. Etided with notes and an Introduction by Vincenzo Cioffari. Albany, New York: State University of New York Press, 1974.

Hegel, Karl. *Ueber den historischen Werth der Alteren Dante-Commentare mit einen Anhang zur Dino-Frage*. Leipzig: 1878.

Hortis, Attilio. *Studi sulle opere latine del Boccaccio con particolare riguardo alla storia della erudizione nel medioevo e alle letterature straniere*. Trieste: J. Dase, 1879.

Hugo von Trimberg. *Das 'Registrum multorum auctorum'*, Undersuchungen und kommentierte Textausgabe von Karl Langosh. Berlin: E. Ebering, 1942.

Jacopo di Dante. *Chiose alla cantica dell'Inferno di Dante Allighieri attribuite a Jacopo suo figlio*, edite a cura di Lord Vernon. Firenze: Tipografia Tommaso Baracchi, 1848.

Lacaita, Giacomo Filippo. «Della Vita e delle opere di Benvenuto», nell'edizione del *Comentum super Dantis Comoediam*. Firenze: Barbera, 1887.

Lana, Jacopo della. *Comedia di Dante degli Allagherii col commento di Jacopo della Lana*. A cura di Luciano Scarabelli. Bologna: Tipografia regia, 1866.

Landino, Cristoforo. *Comento di Christoforo Landino sopra ia Comedia di Danthe poeta excellentissimo*. Venezia: Pietro Cremonese, 1491.

Livi, Giovanni. *Dante e Bologna, nuovi studi e documenti*. Bologna: Nicola Zanichelli, 1921.

Lo Parco, Francesco. Recens. su «Francesco D'Ovidio: Benvenuto da Imola e la leggenda virgiliana», in *Bullettino della Società dantesca Italiana*, Nuova Serie, XXII, 1915.

Mazzoni, Francesco. «Per la storia della critica dantesca I: Jacopo Alighieri e Graziolo Bambaglioli», in *Studi Danteschi*, XXX, 1951.

— «L'epistola a Cangrande», in *Atti dell'Accademia Nazionale dei Lincei*, X, 1955.

— «Guido da Pisa interprete di Dante e la sua fortuna presso il Boccaccio», in *Studi Danteschi*, XXXV, 1958.

— «Per l'epistola a Cangrande», in *Studi in onore di Angelo Monteverdi*, Modena: 1959.

— «Pietro Alighieri interprete di Dante», in *Studi Danteschi*, XL, 1963.

— «La critica dantesca del secolo XIV», in *Dante nella critica d'oggi, risultati e prospettive*, a cura di Umberto Bosco. Firenze: Le Monnier, 1965.

Mazzoni-Toselli, O. *Racconti storici estratti dall'archivio criminale di Bologna*. Bologna: 1870.

Mehus, Laurentius. *Ambrosii Traversarii Generalis Camaldulensium aliorumque ad ipsum, et alios de eodem Ambrosio Latinae Epistolae... Adcedit eiusdem Ambrosii Vita in qua Historia litteraria Florentina ab anno MCXCII usque ad annum MCDXXXIX ex monumentis potissimum nondum editi deducta est...* Florentiae: ex Typographio Caesareo, 1759.

Migne, J. P. *Patrologiae Latinae cursus completus*. Parisiis: escudebat Vrayet, 1845.

Mortara, Alessandro. *Catalogo dei manoscritti italiani che sotto la denominazione di Codici Canoniciani Italici si conservano nella Biblioteca Bodleiana a Oxford*. Oxonii: e Typographeo Clarendoniano, 1864.

Muratori, Ludovico Antonio. *Antiquitates Italicae Medii Aevi*. Mediolani: ex Typographia Societatis Palatinae, 1738.

Norton, Charles Eliot. «A Review of a translation into Italian of the Commentary by Benvenuto da Imola on the Divina Commedia», in *The Atlantic Monthly*, May 1861.

Novati, Francesco. Rassegna Bibliografica «Luigi Rossi-Casè — Di maestro Benvenuto da Imola Commentatore dantesco», in *Giornale storico della Letteratura Italiana*. Vol. XVII, 1888.

— «Per la biografia di Benvenuto da Imola — Lettera al Professor V. Crescini», in *Giornale Storico della Letteratura Italiana*. Vol. XIV, 1889.

L'Ottimo commento della Divina Commedia, a cura di Alessandro Torri. Pisa: Niccolò Capurro, 1827. Tomi 3.

Padoan, Giorgio. *L'ultima opera di Giovanni Boccaccio: le esposizioni sopra il Dante*. Padova: Cedam, 1959.

Pagliaro, Antonino. *Ulisse, ricerche semantiche sulla Divina Commedia*. Firenze-Messina: Casa editrice G. D'Anna, 1967. Tomi 2.

— «Simbolo e Allegoria della Divina Commedia», in *Alighieri*, IV, No. 2, 1963.

Parenti, Marcantonio. *Annotazioni al Dizionario della lingua italiana*. Bologna: 1820-1826. Tomi 3.

Parodi, Ernesto Giacomo. *Lingua e Letteratura, Studi di teoria linguistica e di storia dell'italiano antico*. A cura di Gianfranco Folena. Venezia: N. Pozza, 1957.

Petrarca, Francesco. *Fam.*, I, 7. «Ad Thomam Messanensem contra senes dyalecticos», in *Francesco Petrarca, Le Familiari*, a cura di Vittorio Rossi. Firenze: Sansoni, 1937, vol. I.

— *Sen.*, XIV, 11, «Franc. Petrarcha Benevenuto Immolensi Rhetori suo», in *Francisci Petrarchae Florentini, V. C. operum.* Basileae: Per Sebastianum Henric Petri, 1521. Tomo II.

Pietro di Dante. *Petri Allegherii super Dantis ipsius genitoris Comoediam Commentarium*. Curante Vincentio Nannucci. Florentiae: apud Angelum Garinei, 1845.

Plebani, Benedetto. «Se il commento palatino alla Divina Commedia possa attribuirsi a Talice da Ricaldone», in *Gazzetta letteraria*, A. XVII, No. 2, Torino: 14 gennaio, 1893.

Renier, Rodolfo. «Un commento a Dante del secolo xv inedito e sconosciuto», in *Giornale Storico della Letteratura Italiana*, IV, 1884.

Rezzi, L. M. *Lettera a Giovanni Rosini... sopra i manoscritti barberiniani commenti alla Divina Commedia*. Roma: 1826.

Rivalta, C. *Relazione del comitato dantesco faentino*. Faenza: 1922.

Rocca, Luigi. *Di alcuni commenti della Divina Commedia composti nei primi vent'anni dopo la morte di Dante*. Firenze: G. C. Sansoni, 1891.

Roedel, Reto. «Il proemio della Divina Commedia», in *Svizzera Italiana*. XIX, 1959.

Rossi-Casè, Luigi. *Di maestro Benvenuto da Imola commentatore dantesco*. Pergola: Stab. Tip. Gasperini editori, 1889.

— *Ancora di Maestro Benvenuto da Imola commentatore dantesco*. Imola: Tipografia Galeati, 1913.

Salutati, Coluccio. *Epistolario di Coluccio Salutati*. A cura di Francesco Novati. Roma: Forzani e C. Tipografia del Senato, 1893. 4 voll.

Sapegno, Natalino. *Dante Alighieri, La Divina Commedia*. Firenze: 'La Nuova Italia' Editrice, 1955. 3 voll.

Scartazzini, Giovanni Andrea. *La Divina Commedia di Dante Alighieri*. Lipsia: 1874.

Sebastiano Fausto da Longiano. *Il Petrarca col commento di M. S. Fausto da Longiano con rimario et epiteti*. Vinegia: F. Bindoni e M. Pasini, 1532.

Selmi, Francesco. *Chiose anonime alla prima cantica della Divina Commedia di un contemporaneo del poeta, pubblicate per la prima volta... da Francesco Selmi, con riscontri di altri antichi commenti editi ed inediti, e note filologiche*. Torino: 1865.

«Serie dell'edizioni della Divina Commedia» (senza nome del curatore), Appendice a *Rime profane e sacre di Dante Alighieri*. Firenze: per Leonardo Ciardetti, 1830. 5 voll.

Serravalle, Giovanni da. *Fratris Johannis de Serravalle, Translatio et Comentum totius libri Dantis Aldigherii cum textu italico Fratris Bartholomei a Colle.* A cura di Marcellino da Civezza e Teofilo Domenichelli. Prati: ex officina libraria Giachetti, Filii et Soc. 1891.

Singleton, Charles S. *Dante Alighieri, The Divine Comedy*, translated with a commentary by Charles S. Singleton. Princeton, N. J.: Princeton University Press, 1970.

Stefano Talice da Ricaldone. *La Commedia di Dante Alighieri col commento inedito di Stefano Talice da Ricaldone.* A cura di Vincenzo Promis e Carlo Negroni. Milano: Ulrico Hoepli, 1888, seconda edizione. 3 voll.

Tamburini, Giovanni. *Benvenuto Rambaldi da Imola illustrato nella vita e nelle opere e di lui commento latino sulla Divina Commedia di Dante Allighieri* voltato in italiano dall'avvocato Giovanni Tamburini. Imola: Tipografia Galeati, 1855. 3 voll.

Todeschini, G. *Scritti su Dante.* Raccolti da Bartolomeo Bressan. Vicenza: Tip. reale G. Burato, 1872. 2 voll.

Tommaseo, Niccolò. *Commedia di Dante Alighieri con ragionamenti e note* di Niccolò Tommaseo. Milano: Francesco Pagnoni Tipografo editore, 1865.

Toynbee, Paget. «Benvenuto da Imola and his Comentary on the Divina Commedia», in *An English Miscellany: presented to Dr. Furnivall in honour of his seventy-fifth birthday*, Oxford, 1901.

— «Homer in Dante and in Benvenuto da Imola», in *Dante Studies and Researches.* New York: E. P. Dutton & Co.; London: Methuen & Co., 1902.

Vallone, Aldo. *Del Veltro Dantesco.* Alcamo: Edizione Accademia di studi 'Cielo d'Alcamo', 1954.

— «Note dantesche: ancora del Veltro e della preghiera di S. Bernardo in Dante», in *Letterature Moderne*, VII, 1957.

— *La critica dantesca nel Settecento e altri saggi danteschi.* Firenze: 1961.

— *Studi su Dante medioevale.* Firenze: Olschki, 1965.

— «Minori aspetti della critica dantesca nel Settecento attraverso testi inediti», in *Filologia e Letteratura*, XII, 1966.

Villani, Filippo. *Liber de Civitatis Florentiae famosis civibus.* Cura et studio Gustavi Camilli Galletti. Florentiae: Johannes Mazzoni excuderat, 1847.

Wilkins, Ernest Hatch. *A History of Italian Literature.* Cambridge, Mass.: Harvard University Press, 1968.

— *Dante: Poet and Apostle.* Chicago: University of Chicago Press, 1921.

Witte, Karl. «Ueber die bewdenaltesten Kommentatoren von Dante's Göttlichen Komödie», in *Jahrbucher del Literatur.* No. XLIV, 1828.

— «Die beiden altesten Commentare der D. C.», in *Dante-Forschungen.* I, Heilbronn, 1860.

Zamboni, Maria. *La critica dantesca a Verona nella seconda metà del secolo XVIII.* Città di Castello: S. Lapi, 1901.

INDICE ANALITICO

V

Valerio Massimo, 142, 169.
Valla Lorenzo, 127.
Vallone Aldo, 4, 156.
Vandelli Giuseppe, 5, 103.
Varagine (da) Jacopo, 86, 160.
Vellutello Alessandro, 85.
Verga Giovanni, 94.
Vernon Augusto, 11, 12.
Vernon Giorgio, 11.
Vernon Guglielmo Warren, 12, 133, 173.
Villani Filippo, 63, 64, 65.
Villari Pasquale, 11.
Virgilio, 35, 43, 52, 54, 55, 69, 71, 80, 83, 107, 112, 117, 120, 121, 122, 128, 129, 130, 141, 142, 146, 147, 148, 150, 151, 153, 155, 165, 169.

W

Walter Map (Guglielmo d'In-ghilterra), 131.
Wilkings Ernest Hatch, 171.
Windsor Justin, 10.
Witte Karl, 4, 5, 26.
Woodbury John, 10.

Z

Zamboni Maria, 4.
Zeno Apostolo, 37.
Zenone (San), 79.
Zono De Magnaliis, 42, 43, 79, 80.

SE TERMINÓ DE IMPRIMIR EN
LA CIUDAD DE MADRID EL MES
DE FEBRERO DE 1977.

stuòia humanitatis

1. Louis Marcello La Favia, *Benvenuto Rambaldi da Imola: Dantista.* XII-188 pp. US $9.25.

FORTHCOMING PUBLICATIONS

2. John O'Connor, *Balzac's Soluble Fish.*

3. *La desordenada codicia*, edición crítica de Giulio Massano.

4. Everett W. Hesse, *Interpretando la Comedia.*

5. Lewis Kamm, *The Object in Zola's* Rougon Macquart.

6. Ann Bugliani, *Women and the Feminine Principle in the Works of Paul Claudel.*

7. Charlotte Frankel Gerrard, *Montherlant and Suicide.*

8. *Interdisciplinary Approaches of Choderlos de Laclos'* Liaisons Dangereuses, ed. Lloyd R. Free.

9. *El cancionero del Bachiller Johan López*, edición crítica de Rosalind Gabin.

10. Jean J. Smoot, *A Comparison of Plays by John M. Synge and Federico García Lorca: The Poets and Time.*

11. *El amor enamorado*, critical edition of John B. Wooldridge, Jr.

12. *Studies in Honor of Gerald E. Wade*, edited by Sylvia Bowman, Bruno M. Damiani, Janet W. Díaz, E. Michael Gerli, Everett Hesse, John E. Keller, Luis Leal and Russell Sebold.

13. Helmut Hatzfeld, *Essais sur la littérature flamboyante.*

14. Mario Aste, *La narrativa di Luigi Pirandello: Dalle novelle al romanzo «Uno, Nessuno, e Centomila».*

15. John A. Frey, *The Aesthetics of the* Rougon Macquart.